PAPA, MAMAN,
ÉCOUTEZ-MOI VRAIMENT

Jacques Salomé

Papa, maman, écoutez-moi vraiment

Albin Michel

Illustrations de Françoise Malnuit

ISBN 2-226-03817-5

À chacun de mes enfants
pour l'incroyable richesse
de leurs langages...
avec moi qui ne savais ni voir,
ni entendre et si peu me dire.

À tous les enfants
qui « parlent »
qui tentent de se dire ainsi.

INTRODUCTION

« VOS ENFANTS NE SONT PAS
VOS ENFANTS.
ILS SONT LES FILS ET LES
FILLES DE L'APPEL DE LA VIE
À ELLE-MÊME.
ILS VIENNENT À TRAVERS
VOUS MAIS NON DE VOUS.
ET BIEN QU'ILS SOIENT AVEC
VOUS, ILS NE VOUS
APPARTIENNENT PAS.
VOUS POUVEZ LEUR
DONNER VOTRE AMOUR
MAIS NON VOS PENSÉES.
CAR ILS ONT LEURS PROPRES
PENSÉES. »

KHALIL GIBRAN

« Car ils ont leurs propres pensées »

Cette phrase pourrait servir d'introduction à ce travail de réflexion. Elle nous concerne comme parents, comme accompagnants chargés d' « éducation », comme intervenants dans l'apprentissage de la vie si nous acceptons de privilégier l'approche relationnelle avec les enfants. Et cela depuis les mouvements secrets du petit embryon encore protégé dans le ventre d'une femme jusqu'aux orages et plénitudes de l'âge adulte en passant par toutes les étapes de leur développement.

PREMIÈRE PARTIE

TOUT L'ENJEU POUR NOUS
PARENTS, POUR NOUS
ADULTES VIVANT OU
ACCOMPAGNANT UN
ENFANT, EST DE LUI
PERMETTRE DE POSER
L'ACTE LE PLUS
DOULOUREUX POUR
CHACUN, GRANDIR, SE
DIFFÉRENCIER DE NOUS ET
L'AUTORISER AINSI À NOUS
QUITTER, À SE SÉPARER, À
S'ÉLOIGNER VERS LES
RISQUES ET LES
ÉMERVEILLEMENTS
DE LA VIE.

Les langages non verbaux chez l'enfant

Bonjour,
Je le dis chaque fois,
et c'est chaque fois plus vrai[1],
    quand j'aborde un grand groupe, j'utilise moi aussi, à mon insu et au vôtre, des langages non verbaux. Cela ne se voit pas d'emblée et pourtant j'ai le cœur qui bat la chamade, j'ai la chemise qui colle à la peau et ma voix est plus basse que d'habitude. Parler en public est en effet une véritable épreuve pour moi, car je travaille habituellement dans l'intimité de petits groupes ou dans le face-à-face de la souffrance individuelle. J'ai cinquante-trois ans et depuis quelques années j'ai un intérêt passionné pour la petite enfance. Après Sigmund Freud qui avait ouvert le chemin il y a près d'un siècle, après Françoise Dolto et stimulé par son travail, bien après d'autres chercheurs, je découvre combien l'essentiel d'une existence va parfois se jouer dans les premières années de la vie. J'ai la conviction profonde que nos systèmes relationnels, nos scénarios de vie et notre position existentielle se créent en dehors du langage verbal, soit avant son apparition, soit

---

1. Ce texte d'introduction est celui d'une conférence donnée aux travailleurs de la petite enfance à Genève le 30 mai 1988.

parce qu'il va se révéler insuffisant pour traduire la rencontre d'un petit d'homme avec la vie.

Si les bébés et les jeunes enfants n'ont pas beaucoup de mots pour parler, ils ont beaucoup de langages pour se dire. Aujourd'hui je voudrais vous parler de quelques-uns de ces langages avec lesquels le bébé, le jeune enfant et plus tard l'adulte vont tenter de se dire, de ne pas se dire aussi, vont tenter de se signifier, et peut-être d'exister.

Avant de développer ma réflexion sur les langages non verbaux du jeune enfant, et défendre l'idée que « **tous les comportements sont des langages**[1] », je voudrais en guise d'introduction faire quelques hypothèses sur les racines de la communication et préciser quelques idées qui fondent mes convictions.

La communication est considérée dans notre culture comme quelque chose de naturel, et par là même de spontané, comme allant de soi. Le développement moteur, intellectuel et affectif accompagnant, soutenant le développement de l'expression et donc de la communication. Nous voyons pourtant autour de nous, près de nous, en nous de véritables infirmes relationnels. Chacun d'entre nous, un jour, découvre que son handicap le plus commun est celui, justement, de ne pas savoir mettre en commun. Qu'au-delà d'une expression possible au niveau d'une idée, d'un ressenti, d'un vécu, il y a de nombreux obstacles au partage, à une mise en commun qui nécessitent un double mouvement, celui de donner et de recevoir, de lâcher et d'accueillir, de dire et d'entendre. D'où la nécessité vitale d'apprendre, de réapprendre à mieux communiquer. Insister aussi sur la part de respon-

1. Françoise DOLTO, *Tout est langage*, Éd. Carrières-Vertige.

sabilité qui incombe à chacun de nous dans l'amélioration possible de la **qualité** de communication que nous voulons établir avec autrui. Dire et redire combien il m'apparaît vain et stérile d'accuser l'autre, les autres ou le monde entier ou encore de m'auto-disqualifier, de m'accuser d'être incapable ou mauvais quand je ne suis pas satisfait des relations que je vis. De sortir de ce double piège extrêmement fréquent qui nous pousse à accuser ou à s'auto-accuser pour plus simplement se définir, se positionner, c'est-à-dire affirmer sa parole comme étant différente (et non opposée ou contraire) à celle de l'autre.

Nous sommes des êtres de relation. Dans ce mot « relation » il y a le mot « relier ». Je suis en relation quand je me veux relié, rattaché, identifié, reconnu comme différent de l'autre. Dans le mot « religion » aussi cette racine est présente, *religare* = relier. Dans le sens d'être relié à quelque chose de plus grand, de plus important que nous-mêmes, à l'univers, au cosmos, à l'énergie vitale, à Dieu si telle est ma croyance intime. Je serai relié quand je serai capable aussi de relier, de réunifier et peut-être de réconcilier différents aspects de ma vie, de mon histoire. Nous arrivons trop souvent à l'âge adulte avec une histoire « oubliée »[1], parcellisée. Cette histoire éclatée va faire que j'entre en relation avec autrui... dans la plus grande méconnaissance de moi-même.

Aux origines de toute relation :

— il y a les désirs ou les non-désirs qui président à la conception,

1. Voir Sylvie GALLAND/Jacques SALOMÉ, *Les mémoires de l'oubli*, Éd. Jouvence.

— il y a déjà les échanges symbiotiques de la gestation et les multiples implications d'une défusion appelée naissance.

À nous tous ex-enfants qui l'avons vécue je voudrais rappeler cette situation.

Ici je vous renvoie aux dessins A et B. Celui du ventre d'une femme avec, à l'intérieur, un embryon, un fœtus, un bébé, suivant les différents stades de la gestation.

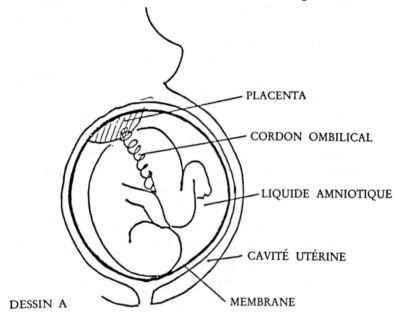

PLACENTA

CORDON OMBILICAL

LIQUIDE AMNIOTIQUE

CAVITÉ UTÉRINE

DESSIN A   MEMBRANE

Dans ce ventre où, dans le plus habituel des cas, il reste neuf mois, il est relié à sa mère et au travers d'elle à son environnement immédiat, bienveillant, hostile ou stressant. Ici il est déjà en position d'envol, il va bientôt sortir pour le voyage de la vie.

Ce bébé est constitué entre autres de cinq parties

pleines, absolument indissociables, à tel point que si une de ces parties est atteinte, l'ensemble est menacé.

Je vous rappelle ces cinq éléments parce que je crois qu'ils représentent ce que chacun de nous allons tenter de retrouver tout au long de notre vie relationnelle extra-utérine, jusqu'à l'ultime seconde de notre existence.

    1 — L'embryon, ou le fœtus, ou le bébé.
    2 — Le cordon ombilical.
    3 — Le placenta.
    4 — Le liquide amniotique.
    5 — La membrane qui contient le tout.

Ces cinq éléments forment un tout qui s'est développé, dans la cavité de l'utérus, en symbiose, en accord relatif avec cet environnement interne.

Et neuf mois plus tard, le voilà, c'est vous ou moi après l'aventure étonnante d'une naissance. Outre le fait qu'il a

DESSIN B

quitté un univers clos, liquide, protégé, pour un univers infini, plus ou moins accueillant, sa naissance a été séparation et morcellement puisqu'il a définitivement perdu quatre parties sur les cinq qui le constituaient.

> IL EST TANT DE BEAUTÉ
> DANS TOUT CE QUI
> COMMENCE.
>
> R. M. RILKE

• Il a perdu le placenta, jeté (ou vendu, dans les pays dits civilisés, à des laboratoires de produits cosmétiques).

• Le cordon ombilical est jeté lui aussi et cette pratique me fait réagir violemment[1].

• Le liquide amniotique se perd, sans attention aucune, essuyé par l'éponge de nettoyage de la salle d'accouchement.

• La membrane subit également le même sort.

Tous ces éléments qui nous ont constitués, accompagnés pendant neuf mois, sont négligés, perdus, oubliés dans les accouchements modernes. Je le regrette et j'ai envie de protester, d'inviter à modifier ces pratiques.

Ma conviction profonde, en effet, est que chacun d'entre nous, tout au long de sa vie et jusqu'aux derniers instants, va tenter farouchement, parfois désespérément, de retrouver l'équivalent symbolique de ces quatre par-

---

1. Dans certaines cultures dites primitives, placenta et cordon font l'objet de soins attentifs. Ils sont recueillis et intégrés dans les croyances, ils font « partie » de la vie relationnelle future de l'enfant et de l'adulte. Ils prolongent l'enfant en le reliant à la vie symbolique du clan, de la tribu.

ties perdues à la naissance, dans les relations qu'il va essayer de nouer avec autrui.

C'est ainsi que dans certaines relations nous allons rechercher l'aspect nourricier de la relation, *l'équivalent du placenta*. C'est pour cela que si quelqu'un vous regarde avec des yeux énamourés... soyez très prudent, il vous voit peut-être comme un placenta !

On le dit, d'ailleurs, dans le langage populaire : « Il me bouffe, il me dévore, il est toujours après moi, etc. » Les adultes le diront de leur partenaire ou de leurs enfants. Les enfants le disent des adultes qui les entourent : « J'étouffe... »

Dans ces relations, nous allons rechercher avec beaucoup de force, de conviction, de désarroi parfois ou de violence, l'équivalent symbolique de l'aspect nourricier, nutritif, nourrissant du placenta.

Dans d'autres relations, nous allons rechercher *l'équivalent du cordon,* qui nous donnera le sentiment d'être relié. C'est pour cela que je n'adhère pas à la mythologie qui consiste à croire que nous « coupons le cordon » à la naissance ou à d'autres moments de notre existence. Peut-être ne le coupons-nous jamais en restant relié (ce qui ne veut pas dire attaché) aux personnes significatives de notre histoire. La seule chose que nous puissions espérer c'est de faire passer au-dedans des signifiants différents. Si au début de la vie nous faisons passer du lait, de l'amour, nous allons, par la suite, faire passer un regard différent, des stimulations, des confirmations, des encouragements, des menaces ou des peurs, etc. Dans ce « cordon », lien puissant et fragile à la fois qui nous relie, nous attache parfois, nous retient ou nous étrangle, nous allons laisser circuler toute la sève fertile des échanges vitaux à notre condition d'homme et de femme.

Dans d'autres relations encore, nous allons rechercher *l'équivalent symbolique du liquide amniotique*, qui est pour moi l'aspect créatif de la relation. Le stimulant grâce auquel dans certaines relations je vais m'éveiller, me révéler, je vais avoir envie de grandir, je vais avoir envie de développer des ressources que j'ignorais, je vais avoir envie de laisser naître le meilleur de moi-même.

Dans les relations de la petite enfance, en pouponnière, dans les crèches, au jardin d'enfants, si trois ou quatre personnes s'occupent du même petit enfant, nous allons repérer très tôt que telle ou telle est plus significative pour tel ou tel enfant. Et c'est bien à travers cette personne que l'enfant a envie de se révéler, de donner le meilleur de lui-même, de s'ouvrir à l'immensité de ses possibles.

Plus tard, dans la relation amoureuse, qui est souvent une relation très stimulante, nous allons peut-être découvrir et accéder à des aspects de nous que nous ignorions : avoir envie d'écrire des poèmes, d'escalader l'Himalaya, de faire des choses merveilleuses. D'ailleurs, vous le savez, quand nous sommes amoureux, nous marchons parfois à cinquante centimètres au-dessus du sol, notre créativité est décuplée et nos possibles nous illuminent.

Quand un enfant ou un adulte se sent confirmé, se sent reconnu, il y a une infinité de choses nouvelles qui se développent en lui bien au-delà de ses compétences naturelles. C'est toujours à travers quelqu'un de significatif pour nous que nous avons envie d'agrandir nos ressources.

Dans d'autres relations nous allons chercher *la membrane*, ce qui est pour moi l'équivalent symbolique de notre place au monde. Chacun d'entre nous a besoin d'être reconnu, d'avoir une place identifiée, de ne pas être obligé de toujours se battre pour la garder ou être tenté de prendre celle de l'autre. Pour exister, notre besoin essentiel de chaleur, de tendresse doit être reconnu, entendu, satisfait. Le besoin d'être reconnu va parfois passer avant même le survivre.

Car il y a une différence entre vivre et exister. Nous pouvons peut-être vivre seul mais, pour exister, il faut au moins être deux. Nous avons besoin de la relation de l'autre. Nous sommes tous des êtres de relation, à la fois en manque et en désirance de relations.

Ainsi, en naissant, en venant au monde des apparences, nous perdons ces quatre éléments, réalité physiologique incontournable. Mais je regrette que dans les accouchements modernes on ne donne pas plus de place à ces éléments. « Je suis le père de cinq enfants et j'ai découvert cela très tard. Pour ma dernière fille, quand elle est née, nous avons recueilli dans un petit flacon un peu de liquide amniotique. Nous avons planté un arbre pour sa naissance et l'avons arrosé avec. C'est un eucalyptus, il est planté dans le jardin de sa grand-mère et je vous assure que cet arbre est très important pour cette petite fille. Il lui donne le sentiment qu'elle a des racines, qu'elle a un lieu où elle va être reconnue quoi qu'il advienne, quoi qu'elle fasse. Cela peut lui donner la certitude qu'elle n'a pas besoin de toujours réussir en classe pour être aimée ou d'être comme ceci ou cela, mais que là, elle sera reconnue inconditionnellement pour elle-même. »

Je souhaiterais que nous puissions retrouver dans notre culture au quotidien des relations ces aspects symboliques oubliés et perdus de la relation. Car leur manque est à l'origine de beaucoup de souffrances [1].

---

1. Nous ne développerons pas ici notre conviction que la médecine et la chirurgie modernes se doivent de retrouver ces notions au-delà de leur réussite technique pour guérir vraiment et non pas réussir à soigner... seulement.

Et si nous nous interrogions sur les besoins de l'enfant ?

Quand nous interrogeons des parents et même des adultes accompagnant des jeunes enfants, nous sommes surpris de constater que peu d'entre eux connaissent les besoins vitaux d'un enfant.

« Il a besoin qu'on s'occupe de lui. »

« Il a besoin qu'on ne lui laisse pas faire n'importe quoi. »

« Il a besoin de ses parents, qu'on soit là tous les deux. »

Voilà quelques-unes des réponses qui jalonnent pauvrement la prise en charge d'un enfant.

En reprenant et en complétant la pyramide de Abraham Maslow nous voyons qu'il serait possible d'avoir un meilleur balisage des besoins afin de ne pas les confondre avec les désirs et les demandes.

1 — *Besoin de survie* (manger, boire, dormir, éliminer, respirer).

2 — *Besoin de sécurité* (être protégé, être reconnu, être aimé, pouvoir aimer et surtout besoin d'être entendu, de pouvoir se dire et être reçu).

3 — *Besoin de socialisation* et d'appartenance à une famille, un milieu, une ethnie, un ensemble de croyances (religion...).

4 — *Besoin de reconnaissance* et de participation (prendre part, faire avec, faire seul, créativité).

5 — *Besoin de différenciation* : « Je suis unique et ce que j'éprouve m'appartient. »

6 — *Besoin d'évolution* : « Ce qui est bon pour moi dans une séquence de temps donné peut s'avérer insuffisant par la suite. » C'est un complément à la différenciation. Mes besoins ne s'opposent pas même quand ils paraissent contradictoires. Cela est particulièrement sensible après chaque crise de développement. À l'adolescence, par exemple : à la fois besoin d'autonomie, d'indépendance et en même temps besoin de proximité, de soins.

7 — *Besoin d'actualisation, d'individuation :* « Je vis au présent même si je suis tiraillé par mon passé, inquiet pour mon avenir. » Les enfants redoutent les « réponses en conserve », celles qui sont valables pour tous, qui les enferment dans une uniformité.

8 — *Besoin de réconciliation, de réunification :* « Au-delà de mes conflits, de mes contradictions, de mes oppositions, j'ai besoin d'être en accord avec différentes parties de moi-même, j'ai besoin de me sentir un tout. Contre les risques de morcellement, d'éclatement, j'ai besoin de me centrer. »

Il appartient aux adultes de veiller à la satisfaction de ces besoins et non des désirs qui parfois les masquent et les déforment. Nous rappelons que le propre du désir c'est d'être entendu, partagé, relié à l'ensemble des interrogations d'un enfant. « Papa j'aimerais une maison plus grande avec un jardin... », ne suppose pas que Papa réponde en disant : « Mais tu sais que nous sommes déjà en dettes pour la maison que nous habitons... », mais que Papa puisse entendre le message du désir. Les désirs se distinguent des besoins dans le sens où ils peuvent se parler et être satisfaits sur un mode imaginaire.

« EN VOULANT FAIRE
TELLEMENT BIEN POUR
ELLE, C'EST-À-DIRE POUR
MOI, J'AI OUBLIÉ D'ÉCOUTER
CE QUI ÉTAIT BON POUR
ELLE. »
UNE MÈRE PARLANT DE SA
RELATION AVEC SA FILLE.

Les comportements, comme les autres langages non verbaux, vont être des langages symboliques susceptibles de structurer la relation du jeune enfant, et plus tard de l'adulte, au monde qui l'entoure.

Au début de cet ouvrage, j'ai avancé comme idée centrale que nous pouvons être davantage responsables de la qualité de la communication à vivre avec autrui. Et dans ce domaine les très jeunes enfants ont quelques compétences. Ils ne sont pas passifs ou dépendants, mais sujets à part entière de leur devenir. Ainsi, la plupart des enfants, pour autant qu'on accepte de le reconnaître, vont être très actifs pour formuler leur demande, pour affirmer leur exigence d'améliorer la relation proposée, la qualité de la communication qu'ils veulent avoir avec leur entourage. Ils vont mettre toute leur vitalité à faire comprendre ce qu'ils attendent en terme de bien-être, de sécurité sur la qualité de la relation.

Là déjà va surgir, peut-être, le malentendu le plus fondamental de la communication. Nous entrons en relation avec notre entourage, avec l'autre, non tel qu'il est ou qu'il se veut, mais tel que nous le percevons. Le bébé perçoit l'autre non tel qu'il se croit mais bien comme il l'intériorise dans ses perceptions et dans ses fantasmes [1]. Le monde des adultes se mobilise souvent autour de l'enfant en termes d'intentionnalité, de bonnes intentions, de désirs bienveillants sans entendre ses attentes existentielles.

« LORSQUE JE PORTAIS EN MOI MON ENFANT, BIEN SOUVENT, EN CARESSANT MON VENTRE, JE ME DISAIS : " TON ENFANT N'EST PAS À TOI, IL NE T'APPARTIENT PAS, IL APPARTIENT À LA VIE ET C'EST LA VIE QUI LE PRENDRA. ET DÈS MAINTENANT JE DOIS ME FAIRE À L'IDÉE QU'UN JOUR IL S'EN IRA VIVRE SA VIE À LUI. "

JE ME DISAIS AUSSI : " L'AIMER POUR LUI, PAS POUR TOI ", ET LORSQUE JE PENSAIS CETTE PHRASE, UNE GRANDE ÉMOTION SE RÉPANDAIT EN MOI. MON CORPS, PLEIN DE CET ENFANT QUI SE FAISAIT, RESSENTAIT TOUTE LA GRAVITÉ DE CES MOTS ET TOUTE L'ABNÉGATION QU'ILS SUPPOSAIENT, AINSI QUE LE RENONCEMENT QU'ILS PRÉDISAIENT. »

---

1. Par ses travaux Mélanie KLEIN nous a beaucoup apporté dans cette compréhension.

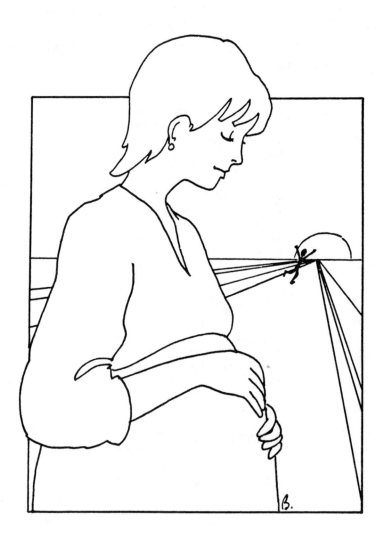

Accompagner un enfant dans son développement ce sera souvent renoncer, nous décentrer de notre projet, de notre désir pour le rejoindre lui, là où il est, là où il se dit.

L'enjeu fondamental pour tout enfant, pour tout être venant au monde, c'est d'**Exister = de sortir de,**

- sortir du ventre,

- sortir de l'enfant imaginaire que ses parents ont porté ou que sa mère va continuer encore de porter pendant des années. Ce qui va représenter souvent un décalage douloureux entre la réalité de ce bébé, de cet enfant, et l'enfant imaginaire que va alimenter la mère mais aussi parfois le père. Qui ne sait d'ailleurs, pour l'avoir vécu ou entendu journellement dans sa pratique, que le désir désirant n'est pas toujours le désir comblé. « Au niveau " sexué ", j'attendais un garçon, c'est une fille qui est arrivée ! Il va falloir que je me confronte à cette déception. »

Les déceptions sont plus ou moins intenses, elles peuvent se développer en dévalorisation de soi, de l'autre, en rejet, en refus. Certains parents « s'anesthésient », se coupent littéralement du bébé.

- « Je ne sais pas ce qui s'est passé pendant la grossesse, j'étais si heureuse et puis quand il est arrivé j'ai eu comme le sentiment d'avoir été trompée. C'est terrible, je n'arrivais pas à le reconnaître comme mon fils. Je me demandais sans arrêt quelle erreur avait pu se passer... »

- « Mon mari n'a jamais pris sa fille dans les bras. Des fois il me proposait de sortir comme si elle n'existait pas... »

Peut-être que cette petite fille dès les premiers jours de sa vie, fidèle, aimante, le ressentira et portera en partie cette déception en devenant plus tard ce qu'on appellera un garçon manqué[1].

Cette petite fille va donc entendre, parfois très fort, dans les comportements, dans les mimiques, dans les regards de ses géniteurs la déception qu'ils ont eue de ne pas avoir un garçon. Elle va inscrire cette déception dans son corps et pendant des années gardera au plus profond la blessure parentale qui ne lui appartient pas. Elle émettra alors des comportements non verbaux signifiant sa tentative désespérée pour s'adapter à la déception, ou au contraire la nier ou parfois encore l'amplifier chez l'un ou l'autre des parents.

Nous venons de décrire trop brièvement une de ces dynamiques relationnelles sous-tendant les premières rencontres parents-enfants, il y en a beaucoup d'autres. Chaque histoire dans la rencontre, dans le prolongement de multiples désirs, agit comme les champs de force d'une poussée ou d'une attraction redoutable pour ouvrir ou fermer la relation. Nous retrouverons quelques-uns de ces champs de force dans les langages non verbaux à l'œuvre dans les relations futures.

Reprenons la dynamique existentielle fondamentale — **Exister = sortir de.** Elle va se jouer dans deux directions vitales pour tout être venant au monde.

— L'une dans le besoin, la volonté d'être reconnu avec ce que je suis.

1. Un garçon manqué c'est un garçon à qui il manque quoi ? Avez-vous entendu dire « c'est une fille manquée » ? L'expression dominante masculine semble culturelle mais elle dit l'ambiguïté de cette situation, d'arriver non hors du désir de l'autre, mais à côté, en concurrence avec ce désir.

— L'autre dans le besoin de reconnaître l'environnement comme différent de moi.

« J'étais, pour ma part, très attendu comme garçon, car dans la mythologie de ma mère, il y avait l'idée que c'était difficile dans le monde d'aujourd'hui d'être une fille et le meilleur cadeau qu'elle pouvait faire à ses enfants c'était de les désirer comme garçons. J'ai donc été attendu et reconnu comme garçon, comme plus tard, mon frère. Sur ce plan j'ai donc reçu des messages de confirmation. »

Voilà pour la première direction. Être reconnu tel que je suis, **être accepté inconditionnellement sera un des besoins fondamentaux du début de l'existence.**

La seconde direction sera de pouvoir reconnaître l'environnement proche comme différent de soi puis différencié de l'ensemble. « Je voudrais aussi te reconnaître Maman - Papa, voudra dire le petit bébé, et je voudrais vous reconnaître différents des autres. Te reconnaître, toi, la nurse, l'éducatrice, la sage-femme qui vous êtes occupées de moi, comme différentes de mes parents. »

Ces deux grandes dynamiques fondamentales vont gérer une grande partie de notre existence tant comme enfant que, plus tard, comme adulte. Être reconnu comme un être différent et pouvoir reconnaître autrui, l'autre, comme différent aussi.

Tous les langages qui vont être produits dans les premières années de la vie, mais aussi plus tard sous des formes peut-être plus cachées, plus subtiles, vont être liés à cette dynamique : être reconnu et reconnaître l'autre. Et être reconnu, vous l'entendez bien, c'est être reconnu comme différent.

Vivre c'est accéder à des naissances multiples et

successives dans le désordre, le tâtonnement et parfois le chaos. Avec des points d'appui, de référence qui ne sont pas toujours présents, qui se dérobent ou qui changent avec l'accueil, l'accompagnement de quelques êtres qui vont devenir significatifs. Chacun de nous a vécu de ces rencontres significatives qui deviennent les ancrages nécessaires à la cohérence de notre vie. Ces relations significatives vont structurer notre relation au monde. Ce sont elles qui vont nous donner une cohérence, une consistance face aux éléments de morcellements. La réunification de nous-mêmes passe par des relations significatives.

Nous avons résumé quelques-unes des multiples naissances qui nous attendent (et quelques-uns de leurs avatars) tout au cours de l'existence.

• Naître au-dehors comme dans la naissance biologique, mais aussi naître hors de l'enfant imaginaire porté et attendu.

« Je ne suis pas, Maman, Papa, l'enfant imaginaire que vous souhaitiez. Je ne suis pas non plus celui qui correspond à vos mythologies personnelles. »

• Naître en dehors, à côté des peurs et des désirs. Cela supposera chez le bébé une force de résistance incroyable, parfois contrariée par la peur d'être abandonné, rejeté si non conforme aux désirs.

« Je ne peux pas, Maman, Papa, me développer à l'intérieur de vos peurs... je suis trop à l'étroit, je régurgite le trop-plein de vos angoisses. »

• Naître avec (et à côté) des mythologies personnelles[1], des systèmes de valeur de ses géniteurs. Nous verrons plus loin quelques-unes de ces croyances autour de la propreté, de l'alimentation, du corps, du sommeil...

● Naître hors des répétitions, des messages reçus.

« C'est toi Maman qui avais peur des hommes et tu m'as transmis très tôt cette méfiance à l'égard du mâle. Aujourd'hui je peux déposer cette peur, te la rendre, c'est la tienne, et faire confiance aux rencontres que je fais. »

« Je ne suis pas aussi fragile que vous avez tenté de me le laisser croire. Même si je suis un prématuré j'ai toutes mes ressources et je ne veux pas rester en isolette " affective " pour le reste de ma vie. »

● Naître hors (et à côté) de l'immense réseau de la communication transgénérationnelle (celle qui se transmet sur plusieurs générations à travers ce qu'on pourrait appeler les loyautés, les servitudes et les fidélités invisibles)[2].

« Je ne veux pas remplacer ce petit frère mort à la naissance et qui a désespéré les premiers temps de votre vie conjugale. »

« Je ne veux pas combler le vide de la disparition de ta mère, et t'assurer ainsi que je prendrai soin de tes vieux jours, Maman... »

---

1. J'appelle mythologies l'ensemble des croyances et certitudes que nous avons sur la vie, la mort, l'amour, la santé... sur les grandes interrogations de la vie.
2. Il s'agit là d'un domaine qui commence à peine à être exploré. Nous appelons cela la communication verticale qui circule d'une génération à l'autre, porteuse d'interdits, d'obligations, de missions diverses (réparations, dévoilement), de secrets familiaux.

● Naître encore hors des images, des stéréotypes de l'homme, de la femme, du père, de la mère, du citoyen modèle... qu'une partie de l'entourage va tenter d'imposer.

« Je ne suis pas l'enfant modèle dont tu rêvais déjà en jouant à la poupée. »

« Je ne suis pas ce fils sublime qui te donnera la joie d'être une belle-mère parfaite... »

La vie de certains enfants (et de certains parents) ressemble parfois à un combat sans fin où chacun tente d'imposer, d'échapper, de contrebalancer, d'influencer ou de se soumettre à l'influence de l'autre.

> COMBIEN DE NAISSANCES
> FAUT-IL AFFRONTER DANS
> UNE VIE D'HOMME OU DE
> FEMME POUR ENFIN SE
> RENCONTRER, POUR ÊTRE,
> POUR EXISTER !

Aller au-delà des mythologies parentales

Pour tenter d'approcher quelques-unes des difficultés rencontrées par les accompagnants de la petite enfance voici les mythologies parentales et éducatives les plus fréquentes.

Chaque adulte a des mythologies sur la vie, l'amour, la façon d'éduquer les enfants. Certaines mères, par exemple, ont la mythologie suivante : elles sont de bonnes mères si elles comprennent par avance les besoins de l'enfant. Cela devient problématique le jour où l'enfant exprime un besoin. Cette mère se sent alors blessée, elle a l'impression d'être une mauvaise mère puisqu'elle n'a pas su deviner, anticiper le besoin. Une relation paradoxale peut s'installer : plus l'enfant exprime un besoin propre, plus la mère va le nier et le rejeter puisque l'enfant lui renvoie ainsi qu'elle est une « mauvaise mère » de n'avoir pas su le « combler avant ». Les véritables besoins de cet enfant ne pourront jamais être exprimés car il comprendra très tôt que c'est dangereux de dire, puisqu'il touche à la propre sécurité de sa mère... et donc à la sienne. Il peut en arriver à nier ses besoins, à vivre au ralenti, à petits pas, à petits bruits, à moindre souffle, à peu de vie.

Tout enfant va se trouver devant plusieurs alternatives, soit se battre, s'affirmer ou transgresser pour tenter d'exister comme un être différent, en affrontant les mythologies de ses parents (ou des accompagnants tels le personnel de la petite enfance), soit, si c'est trop dangereux, d'y adhérer, de s'adapter, de se mouler, de se conformer, de semi-exister pour survivre avec l'espoir d'une « naissance » différée dans un avenir proche ou lointain.

> « Ma mère avait la croyance suivante : un verre d'eau plein faisait mal à l'estomac. Ce qui fait que durant toute mon enfance je n'ai jamais bu un verre d'eau plein, sauf en cachette. Quand j'arrivais dans la cuisine en criant essoufflé : " J'ai soif, j'ai soif ", quoi qu'elle fît, couture ou cuisine, elle s'arrêtait et remplissait un verre à moitié. Et moi, j'ai toujours eu soif de cette deuxième moitié qui ne venait jamais. Ce qui fait que même quand je suis invité, au cours de repas un peu solennels, je remplis mon verre jusqu'au bord... Le plus difficile est de l'amener jusqu'à ma bouche. Et aujourd'hui encore j'ai le sentiment d'être resté assoiffé

de tous ces demi-verres que je peux boire enfin à satiété... sous le regard parfois étonné et inquiet de mes hôtes. Ce sont tous les verres que je n'ai pu boire dans mon enfance. »

Ces mythologies parentales se retrouvent également chez les travailleurs sociaux, chez les personnes qui vont s'occuper d'un enfant dans les premières années de sa vie. Ils arrivent vers lui, avec leurs propres mythologies, leurs croyances et leurs certitudes. C'est très important de les reconnaître et de repérer la façon dont elles seront proposées ou imposées car c'est avec elles ou contre elles que l'enfant devra se situer, se soumettant ou résistant. Et, nous le verrons plus loin, c'est sur les affrontements plus ou moins larvés et cachés, liés à ces différences dans les mythologies de chacun que se structure ou se déstructure toute la vie d'une équipe.

Mythologies autour de la nourriture

Elles sont nombreuses, exigeantes, répétitives. Les exigences ont quelque chose d'impitoyable parfois, ne souffrant aucune discussion, leur dictat est sans appel.

— Exiger que la soupe soit finie avant d'avoir l'autre plat.

— Que l'on doit manger de tout, même si on n'aime pas. Si j'ai demandé tel plat, je dois terminer ce qui a été commencé.

— Qu'on ne jette pas du pain.

— Qu'il faut garder un creux... ne pas trop manger.

— Ne pas parler à table.

CETTE FEMME S'OBLIGE À
FAIRE DEUX REPAS CHAUDS
TOUS LES JOURS... DE LA VIE,
POUR SON MARI ET SON
ENFANT.
CE N'EST PAS SON ÉPOUX ET
SON FILS QU'ELLE NOURRIT
AINSI, MAIS L'IMAGE DE
BONNE ÉPOUSE ET DE
BONNE MÈRE QU'ELLE A
D'ELLE.

Cela peut engendrer des conflits sans fin si les parents sont d'avis contraire. L'un exige, l'autre non. Cela se reproduit au sein des institutions entre les différents intervenants [1].

Mythologies autour de la propreté

Autour du propre et du sale c'est la relation au corps qui est mise en jeu (et au-delà la sexualité). C'est toute la vitalité d'un enfant qui se trouve parfois confrontée avec les exigences de propreté.

L'apprentissage de la propreté commence très tôt avec la « saga du pot ». Apprendre à faire ses besoins, là et pas ailleurs, apprendre à retenir, à lâcher. Nous retrouverons

1. À ce niveau d'ailleurs, les différents membres d'une équipe devraient pouvoir échanger sur les résonances, le retentissement en eux de ce qui est pratiqué, exigé, toléré... par les autres membres de l'équipe. Pouvoir témoigner de ses propres zones de tolérance... et d'intolérance face aux différents aspects de la vie quotidienne : nourriture, propreté, vêture, soins, politesse, comportements sociaux, sexualité, sommeil... et jeux.
Les réunions de régulation devraient avoir pour objectif non pas de se mettre d'accord sur des pratiques et des attitudes communes mais bien au contraire de constater des différences, pour oser proposer à l'enfant justement des attitudes différenciées.

là les origines d'un certain nombre de dynamiques relationnelles mises en jeu plus tard.

« Comment ce qui sort de moi est-il accueilli, accepté, valorisé, disqualifié ou rejeté. »

Ces mythologies des adultes autour de la propreté deviennent l'enjeu des tentatives de contrôle sur le corps de l'enfant. La peur du corps, de ses émois, de ses manifestations est importante et tenace. La maîtrise et le contrôle du corps restent une des valeurs triomphantes du siècle.

— Les oreilles, (il y en a qui ne voient que les oreilles), les mal peignés, les mains, les genoux...

— Se tenir (droit de préférence).

— Ne pas se toucher (c'est sale et inquiétant).

Mythologies autour de la vêture

Le vêtement est ce qui permet à la fois de montrer, de révéler et de cacher le corps. La rencontre avec le monde extérieur suppose la médiation du vêtement.

Les débuts de journée sont souvent gâchés à cause des conflits d'habillement. Beaucoup de tensions et de souffrances sont déclenchées par le choix, l'imposition ou la privation de tel ou tel vêtement.

Découverte du plaisir chez l'enfant

La découverte du plaisir sensuel et, au-delà encore, du plaisir sexuel est une des plus vitales pour le devenir d'un enfant.

Chaque petit garçon, chaque petite fille découvre le plaisir de son corps au travers de zones privilégiées (orale, anale, génitale), mais aussi dans l'imprévisibilité de rencontres, de situations intenses où vont se mêler l'imaginaire et la réalité.

Tous les enfants découvrent tôt le plaisir et surtout le plaisir sexuel : en montant à la corde lisse, en faisant du vélo, en découvrant telle zone de plaisir au cours d'une maladie, d'un jeu anodin...

C'est la façon dont l'entourage entend ou censure, confirme ou interdit qui marquera profondément le possible d'un abandon, d'un lâcher-prise dans le plaisir à l'âge adulte.

● Cette femme de quatre-vingt-cinq ans nous dira comment elle a découvert le plaisir à cinq ans au cours d'un pique-nique.

« Le biberon de mon frère traînait sur la couverture et j'ai voulu le cacher en m'asseyant dessus. Oh là là ! que c'était bon, doux et chaud ! »

Cette petite fille découvre donc le plaisir dans un contexte d'ambivalence, d'agressivité indirecte contre le petit frère.

« Mes parents cherchaient le biberon partout et moi je ne disais rien... »

● « Nous dormions mes deux frères et moi dans la même chambre. Avec mon jeune frère nous jouions à nous toucher, mais mon désir était tourné vers mon grand frère. Avec lui, je me battais, je cherchais la bagarre à chaque occasion. Je garde à ce jour, dans mon corps, la même émotion, les mêmes émois à ces corps à corps violents, il était plus fort que moi... Aujourd'hui encore je trouve que mon mari est trop doux, trop passif, j'aimerais quelque chose de plus violent... »

● « Quand mon père, qui ne me touchait jamais, partait au travail, j'allais tout de suite m'asseoir sur sa chaise pour avoir un peu de sa chaleur, de son odeur, je ne bougeais pas, absolument immobile, comme tétanisée... »

● « Moi c'était son pull que je prenais, j'allais sous l'escalier et je plongeais mon nez dedans. L'odeur âcre, forte, était comme le plus capiteux des parfums. Ce plaisir-là est unique, je n'ai jamais rien vécu de semblable... »

● « Le jeu favori de mon frère était de me dire : " Il y a un endroit dans mon corps où j'entends mon pouls. " Il y avait alors tout un jeu de questionnement pour " découvrir " chaque fois que c'était en mettant le doigt dans l'anus. Effectivement " là " quelque chose battait régulièrement et un plaisir diffus se répandait en moi. Le plaisir le plus fort c'était le jeu de la recherche avec mes questions et les réponses de mon frère. Et puis un jour on nous a séparés, changés de chambre... et le jeu a cessé.
Je n'ai plus jamais retrouvé ce plaisir, il y a en moi comme une nostalgie. »

● « Dans la cour de récréation de mon école, il y avait un platane qui a joué un rôle très important dans mon éveil sexuel. Il y avait tout d'abord l'odeur, odeur d'humidité, puis la fissure de forme ovale, légèrement plissée. Une forme par-

faite qui me fascinait. Son pouvoir érotique était
extraordinaire. J'avais neuf ans et je me sentais
chargé d'électricité pendant toute l'heure de cours
qui suivait. Je mettais mon sexe contre le pupitre
et doucement je le roulais entre le bois et ma
jambe... Quand parfois j'étais interrogé, aucun
son ne sortait de ma bouche sèche et vide... »

● « Dans le lit j'ai imaginé un cercle d'Indiens, le
corps luisant, qui dansaient autour de moi. Une
bouffée de plaisir est montée en moi comme un
orgasme.
Ma mère à qui j'en ai parlé m'a dit : " Ce n'est
rien, c'est un peu de fièvre... " »

Les jeux de bain sont propices aux découvertes, aux
contacts et la réaction de l'entourage est souvent « inter-
dictrice », réductrice ou sanctionnante.

Le monde des adultes dépense beaucoup d'énergie
pour limiter, réduire ou nier le plaisir chez l'enfant. Ce
plaisir apparaît comme dangereux, susceptible de tous les
débordements — incitateur au désordre.

C'est une des choses les plus censurées, les plus
réprimées par les parents et surtout par les pères. Tout se
passe comme si une des activités principales du père était
de contrôler les débordements possibles du plaisir chez
l'enfant, chez la fille en particulier.

● « Pour mon père il n'y avait que la tête qui
comptait, l'intellect, les idées, les grandes idées
surtout. Et moi je sentais une cassure entre ma
tête et mon corps.
À cinquante-cinq ans je porte encore en moi cette
séparation entre l'énorme possible du plaisir de
mon corps et les limites de ma tête... »

Plus tard, quand un adulte peut retrouver en lui sa première rencontre avec le plaisir sensuel et sexuel et entendre la réaction de l'entourage, il découvrira la trace des blocages ainsi inscrite en lui et aussi le chemin pour une plus grande liberté à retrouver.

Dans tous les témoignages des ex-enfants que nous avons entendus et recueillis, ce qui ressort comme une constante c'est l'importance de l'imaginaire chez les petites filles autour de l'abandon dans la jouissance et la jubilation du corps. La construction de scènes imaginaires semble jouer un grand rôle dans l'émergence et l'accès au plaisir.

Les petits garçons sont davantage dans le faire. Leur plaisir semble plus lié à une action.

Il y a là un décalage qui se retrouvera plus tard dans la rencontre amoureuse et les communications sexuelles et qui entraînera parfois des non-dits et des tensions. Car souvent les jeux de représentations mentales, les scénarios sont très structurés, avec des répétitions très planifiées, ce qui ne laisse pas de place à la création de la rencontre, à l'imprévisible du possible.

> LES BRUITS DU CORPS SONT
> LES SEULS BRUITS DE LA VIE
> CENSURÉS AVEC AUTANT DE
> VIOLENCE.

La relation de l'enfant à son propre corps touche au plus profond chacun des adultes qui l'entoure. Les intérêts, les curiosités, les plaisirs, les répulsions que l'enfant va vivre sont autant d'interpellations pour ceux-ci et les renvoient, qu'ils le veuillent ou non, à leurs propres conflits passés, à des situations inachevées dans leur propre enfance.

Il n'est pas pensable (pansable non plus) de travailler avec de jeunes enfants sans voir se réactiver en nous différentes souffrances... souvent bien enfouies, bien cachées.

> TRAVAILLER EN ÉQUIPE
> SERA AVOIR LA POSSIBILITÉ
> D'UN LIEU DE PAROLE POUR
> JUSTEMENT PARTAGER SES
> ÉMOIS, SES
> INTERROGATIONS, SES
> PROPRES CONTRADICTIONS
> ET SE CONFRONTER AVEC.
> D'OÙ LA NÉCESSITÉ
> D'ACCÉDER À UNE
> MEILLEURE
> COMPRÉHENSION DE SOI...
> POUR MIEUX ENTENDRE
> L'ENFANT... QUI PARLE
> AUSSI À L'ENFANT QUI EST
> EN NOUS.

C'est donc avec nos mythologies et nos limites que nous nous présentons devant l'enfant et c'est face à cela qu'il va devoir se défendre, se situer souvent violemment. Ce sera l'origine de beaucoup de comportements non verbaux qui vont traduire ou tenter de dire l'indicible.

Toute tentative d'exister pour l'enfant se fera donc avec ou contre les croyances de l'environnement immédiat, avec ou contre les désirs et les peurs de ceux qui l'élèvent. Car nous éduquons trop souvent (et malheureusement) nos enfants avec l'ensemble de nos désirs et de nos peurs **sur eux** au lieu de les éduquer en étant à l'écoute de leurs véritables besoins et de l'évolution de ces besoins dans le temps. Ce décalage entre les besoins réels de l'enfant et cette production de désirs et de peurs que nous avons sur

eux, que nous soyons les parents directs ou les éducateurs, va donner lieu à beaucoup de malentendus, beaucoup d'incommunications avec lesquels il va survivre
quand même !

> LA SOUFFRANCE EST
> PARFOIS SI ENVAHISSANTE
> QU'ELLE DÉBORDE LE
> CORPS, LE VISAGE, LA VOIX
> ET SURTOUT LES YEUX.
> REGARDONS SOUVENT LES
> YEUX DE NOS ENFANTS.

Ce qui nous conduit à un des enjeux vitaux de
l'éducation qui serait : rester fidèle à soi-même et permettre à l'enfant de rester fidèle à lui-même, à ses
potentialités, à ses ressources. Si l'on acceptait et permettait à chaque enfant d'être original, d'être unique, de ne
pas l'obliger à penser comme son entourage : parents ou
enseignants ou frère et sœur. Devenus adultes peut-être
seraient-ils plus fidèles à eux-mêmes. Ils oseraient vivre
leur mode de vie et penseraient par eux-mêmes sans avoir
besoin de faire référence à un chef, à un modèle, à un
parti. Les adultes craignent les différences parce qu'ils ont
peur du désir de l'autre. Les parents redoutent le
surgissement d'un désir chez l'enfant qui contrarie ou
menace le leur.

> VOILÀ UN BEAU CADEAU À
> FAIRE À NOS ENFANTS OU À
> CEUX DONT NOUS NOUS
> OCCUPONS, LEUR
> PERMETTRE D'ÊTRE FIDÈLES
> À EUX-MÊMES.

RIEN N'EST COUPÉ DE RIEN,
ET CE QUE TU NE
COMPRENDRAS PAS DANS
TON CORPS,
TU NE LE COMPRENDRAS
NULLE PART AILLEURS.

UPANISHAD.

Tous les comportements sont des langages et, je le répète, les jeunes enfants qui n'ont pas beaucoup de MOTS vont produire beaucoup de langages pour se dire. Ces langages, je les ai rassemblés en cinq grandes familles.

- La gestuelle.
- Les passages à l'acte.
- Les rituels.
- Les somatisations.
- Les symbolisations.

C'est une simplification un peu arbitraire mais cela nous permettra d'avoir quelques repères, quelques balises pour mieux les reconnaître et inter-agir avec eux.

Un repère, c'est un point fixe qui indique éventuellement une direction, mais qui permet surtout de reconnaître sa route ou sa conduite dans les méandres et les labyrinthes de la communication avec les jeunes et les moins jeunes.

MA GRAND-MÈRE DISAIT :
« À DÉFAUT DE PÈRE IL VAUT
MIEUX AVOIR DES REPÈRES. »

LE LANGAGE DES ENFANTS
NE S'ADRESSE PAS AUX
OREILLES, IL EST DESTINÉ
AUX YEUX ET AU CŒUR, IL
PARLE SOUVENT À
L'INQUIÉTUDE.

I. La gestuelle

Parmi les langages non verbaux, un des langages les plus perceptibles est celui de la gestuelle.

Ce sera l'ensemble des gestes, des conduites et des comportements que nous allons produire avec notre corps. Cela va du regard à la respiration en passant par les gestes physiques, les positions et les attitudes corporelles. C'est toute l'énorme production de signaux émis par un des émetteurs les plus perfectionnés au monde : le corps.

Le petit enfant transmet sans difficulté aucune des messages compréhensibles par n'importe quel autre petit enfant. Il suffit de voir l'intense activité relationnelle qui existe dans les crèches, les parcs pour enfants. Souvent l'adulte n'accorde pas suffisamment d'attention à ces messages, ne sait pas les décoder, ne les comprend pas et répond de façon inadéquate. Face à cette incompréhension le tout-petit peut ressentir de l'inquiétude, du trouble et redoubler de messages et de comportements langagiers. Un cercle vicieux s'installe et entraînera souffrance, passage à l'acte somatique ou fermeture.

L'odeur est un langage non verbal important, langage trop méconnu, auquel il conviendrait de donner plus d'attention. Je propose d'ailleurs, au moment de la naissance, de promener le bébé sur le corps des deux parents pour lui faire sentir leur odeur et que ceux-ci mettent également leur nez sur le corps de leur bébé, qu'ils le sentent, qu'ils le respirent, qu'ils permettent ainsi à des messages archaïques de se reconnaître, à des liens plus anciens que la vie de se retrouver.

La respiration et l'odeur sont d'ailleurs les premiers langages que nous avons en venant au monde. Ce sont des langages essentiels que nous perdons ou oublions trop vite, que nous déformons malheureusement, dans la vie actuelle, en particulier avec les parfums...

II. Les passages à l'acte

Proche de la gestuelle il y aura certains passages à l'acte. Si, par exemple, je me précipite sur quelqu'un pour le mordre, pour lui donner des coups ou si je lui tourne le dos, je dis quelque chose.

Les conduites agressives, les jeux taquins ou plus violents sont autant de langages utilisés pour dire le difficile, le conflictuel ou le contradictoire.

Chez les tout-petits la « construction » d'un comportement de menace (bouche ouverte, cris aigus) est souvent une protection mise en avant contre un comportement extérieur vécu comme dangereux ou gênant[1]. Très tôt, à partir de dix mois, l'enfant apprend à se « défendre », à se protéger. Certains, à dominante agressive, sont capables d'actes agressifs : mordre, griffer, agripper ou pincer les joues, le nez, le bras, tirer les cheveux, faire tomber... L'action est de courte durée, le « vaincu » pleure, fait des gestes de soumission, se recroqueville, baisse les yeux ou se couvre le visage avec les mains. Le « vainqueur » s'éloigne satisfait. Nous pourrions relier ces « actes agressifs » en milieu « social » (crèches, lieux publics...) à des contraintes subies dans le milieu familial.

1. H. MONTAGNER, *L'enfant et la communication*, Éd. Stock-Pernoud.

Cette petite fille de cinq ans s'était assise « pour
s'amuser » sur le biberon de son petit frère. Toute
la famille cherchait le biberon. Stimulée par les
grands cris du bébé elle parlait à sa poupée en lui
disant : « Tu es méchante de crier comme ça, tu
n'auras pas de biberon... »

Les conduites agressives des tout petits enfants troublent beaucoup les adultes qui pensent en termes de bien ou de mal et entendent difficilement qu'il s'agit d'un langage.

Les passages à l'acte, même s'ils sont pénibles à vivre et parfois lourds de conséquences, sont souvent salvateurs, ils sont autant de signaux d'alarme ou d'appels qu'il convient d'écouter avec attention.

> Le petit Victor, deux ans et demi, se couche par terre en criant dès que sa mère lui oppose un refus même bénin. Se déclenche à partir de là toute une succession de violences, de punitions... qui ne s'arrêteront plus sans concessions de plus en plus insupportables pour la mère.
>
> Il nous a semblé que Victor par ce moyen « appelait » le père (qui a quitté le domicile conjugal). Tout se passe comme s'il réclamait ce tiers pour mieux baliser la relation duelle trop importante avec la mère. En introduisant une parole tierce, celle du grand-père, amplifiée par la bouche de la mère, Victor cessera son manège.

III. Les rituels

Proche de la gestuelle il y a certains rituels, c'est-à-dire des comportements répétitifs, liés à certaines situations comme le coucher, le lever, la toilette. Au moment du coucher il y a des enfants qui ont besoin de chiffonner le drap de dessus ou de dessous. Vous refaites le lit et cinq minutes après, le drap est encore chiffonné. C'est peut-être une façon, pour eux, de créer un environnement protecteur dans leur imaginaire pour affronter l'immen-

sité et l'inconnu de la nuit, ou baliser un certain nombre de peurs. Avec la nuit et le sommeil c'est la perte du contrôle sur ce qui va arriver. Tout peut surgir la nuit. Nous aussi, les adultes, nous avons des rituels.

Il y a aussi les « doudoux », ces chiffons que les enfants aiment avoir et qu'il ne faut pas laver, car ils portent des odeurs. D'ailleurs, si vous lavez un doudou, ils s'empressent de le tortillonner, de lui redonner une odeur.

IV. Les somatisations

Autre langage non verbal des plus essentiels pour les enfants, les somatisations. J'insisterai particulièrement sur elles car c'est leur langage favori. Quand un enfant ne trouve pas ou n'a pas les mots pour se dire, pour se faire entendre, il va trouver des M.A.U.X. pour se signifier, pour tenter de se faire comprendre de son entourage, trop souvent en vain d'ailleurs [1]. Combien d'otites, d'angines, de « mal au ventre », d'éruptions cutanées, etc., sont des tentatives de s'exprimer et souvent de tenter de sortir d'un conflit.

Par exemple une otite sera une façon de dire : « C'est là que vous ne m'entendez pas » ou, au contraire : « J'entends trop... et c'est insupportable. Je ne veux plus entendre vos disputes cachées, vos déceptions, vos frustrations ou votre violence... »

Ou encore une façon pour un enfant de témoigner d'une filiation, d'une appartenance. La mère dira, par exemple au médecin : « Moi aussi je faisais beaucoup

---

1. Les somatisations n'étant pas reconnues et donc entendues comme des langages... elles sont traitées comme des maladies, ce qui renforce l'incompréhension.

d'otites toute petite... » ou bien : « Au même âge son père faisait de l'asthme. » Par de tels « signes de reconnaisance » l'enfant se signifie dans la lignée maternelle ou paternelle. Il se réapproprie peut-être la lignée qui pour un enjeu ou un autre risquait d'être évincée.

Les bébés ont plein de moyens pour dire que quelque chose ne va pas dans leur environnement, qu'il y a un décalage trop grand entre leurs besoins, leurs attentes et les réponses de l'entourage. Ce qui blesse parfois le plus, ce n'est pas tant le manque de réponses, que des réponses maladroites, inadaptées ou envahissantes. C'est pourquoi on peut guérir des otites à répétition, comme par magie, en écoutant le bébé, en lui parlant de ce qui est en train de se passer : « Oui, tu protestes à ta façon contre l'envahissement de ta maison par les parents de ton père. » Ou encore : « Tu résistes bien à l'éventualité que je reprenne mon travail, toi tu voudrais que je reste encore à la maison. »

Nous développerons dans un prochain chapitre les origines relationnelles de la plupart des somatisations.

V. *Les symbolisations*

Les symbolisations seront liées à la capacité d'utiliser un certain nombre d'objets, de jeux, de repères extérieurs comme tentative de se relier au monde qui entoure l'enfant. Car, nous le savons mieux aujourd'hui, il y a un décalage incroyable entre la réalité, le monde que nous proposons à l'enfant et la façon dont il le voit, la façon dont il va être obligé, sans arrêt, de s'ajuster non seulement pour maintenir le contact (car tout se passe comme si cet environnement mobile, fluctuant se dérobait sans cesse à sa compréhension) mais aussi pour avoir une place, une existence qui le constitue comme sujet.

L'imaginaire, mais non seulement l'imaginaire et son infinie capacité à produire des images, des représentations et des scénarios mais aussi la possibilité de nommer cet imaginaire va constituer, avec les rêves, le langage symbolique. L'accession à la symbolisation permettra justement à l'enfant d'éviter des somatisations, des passages à l'acte ou de basculer dans la folie autistique.

C'est en comprenant cela que nous pourrons proposer à un enfant en difficulté des « symbolisations » pour le rejoindre et le relier ainsi au monde. Beaucoup d'adultes le font spontanément, c'est à cela aussi que servent certains mythes religieux, que servaient, il n'y a pas si longtemps, les contes et les légendes.

Nous verrons plus loin combien par des « contes thérapeutiques », par des mises en œuvres symboliques nous pouvons « guérir », diminuer l'angoisse, modifier les symptômes pour les rendre plus « audibles », plus tolérables pour l'entourage,

« JE CROIS QUE LE LANGAGE SYMBOLIQUE EST LA SEULE LANGUE ÉTRANGÈRE QUE CHACUN DE NOUS DEVRAIT APPRENDRE. SA CONNAISSANCE NOUS RAPPROCHE DES ORIGINES LES PLUS RÉVÉLATRICES DE LA SAGESSE. EN VÉRITÉ LES RÊVES COMME LES MYTHES SONT D'IMPORTANTS MESSAGES QUE NOUS NOUS RENVOYONS À NOUS-MÊMES. »

ERICH FROMM.

F. Dolto a raconté cette anecdote. Pendant la guerre, elle était dans un train et voyageait avec un couple et deux jeunes enfants (trois-quatre ans et cinq-six ans) qui jouaient entre les deux banquettes. Le contrôleur entre dans le compartiment et annonce qu'il y aura deux heures de retard et d'attente pour la correspondance de Chambéry. Puis il s'en va. À ce moment, la jeune femme se tourne vers son mari. Avec une attitude inquiète elle dit : « Tu penses que la salle d'attente sera chauffée ? » Le mari protecteur lui répond : « Oui, ils auront certainement mis un brasero. » La conversation des adultes devient alors (par la parole relais des parents) une réalité pour les enfants.

F. Dolto ajoute que quelques instants après, elle observait un jeu qui s'était construit entre les deux enfants où il était question de « soldats-tentes » très méchants, c'était le petit qui parlait de ces « soldats-tentes » menaçants et le grand tentait de le rassurer en lui disant : « Mais non ils ne sont pas méchants, ils ne peuvent pas faire mal ils ont " zérobras ". »

À partir de cette anecdote écoutons ce qui est important. Ces deux jeunes enfants ont bien perçu la menace et la rassurance dans le vécu de leurs parents. Le petit s'est identifié à la mère, à l'inquiétude de celle-ci et le plus grand au père protecteur pour rassurer le plus petit avec des « soldats-tentes » qui avaient « zérobras ». La réalité devient le réel de l'enfant par la médiation de la parole ou du langage utilisé par les personnes significatives qui l'entourent et il va médiatiser la rencontre avec ce réel par une symbolisation issue de son imaginaire.

Cette situation illustre parfaitement, pour moi, ce qui va se passer sans arrêt dans le quotidien de la vie pour combler l'écart entre la réalité et le réel de l'enfant. La réalité lui étant toujours extérieure, le réel étant ce qu'il en entend, ce qu'il en perçoit, ce qu'il en fait. L'enfant est en perpétuelle création pour survivre, ses relations sont des tentatives d'inventions pour se relier, exister comme partenaire. C'est pour cela que les enfants sont fabuleux, ils sont d'une créativité incroyable devant le mystère de la vie, le mystère du monde que nous leur proposons par des actes que nous croyons très simples. Comme adultes nous gérons quotidiennement une somme d'informations incroyablement complexes, contradictoires, nous aussi nous mettons en place des symbolisations possibles, des comportements adaptatifs ou réactionnels.

Essayons donc de ne pas oublier dans nos relations avec eux l'importance et la nécessité des symbolisations. Ne gardons pas le réalisme comme la seule référence, acceptons aussi le rôle de l'imaginaire.

Quand nous disons, par exemple : « Grand-père est parti au ciel », l'enfant regarde sans arrêt le ciel et nous lui disons : « Regarde où tu marches, fais attention où tu mets les pieds. » Nous n'entendons pas que l'enfant cherche son grand-père dans le ciel et se demande : « Mais comment il a fait, sur quoi il tient debout, etc. »

● Cette ex-petite fille qui a aujourd'hui trente-huit ans se souvient encore de son trouble à la prière du soir « et Jésus le fruit de vos entrailles est béni... ». Elle cherchait longuement dans les fruits le mystère de l'existence de Jésus et appréhendait la terre ferme (les entrailles de la terre), craignant de la voir s'ouvrir sous ses pieds, faisant un large détour, voulant changer de trottoir chaque fois qu'elle longeait un terrain vague

proche de sa maison et refusant de s'asseoir sur l'herbe de leur petit jardin.

● « À deux ans et demi mon père m'a conduite chez son frère qui n'avait pas d'enfants. Il m'a laissée trois mois sans rien dire. Au moment de son départ il s'est caché derrière un car, croyant que je ne le voyais pas. Je me suis sentie abandonnée pour toujours. J'ai su ce jour-là que je n'étais pas bonne... »

> « VIVRE LES MOTS AU-DELÀ
> DE LEUR SENS.
> VIVRE LES SENS AU-DELÀ DE
> LEURS MAUX. »

Dans le domaine de l'éducation sexuelle plus nombreux encore sont les malentendus, les distorsions. Quand un de mes fils a eu six ans je lui ai expliqué que Papa mettait une petite graine dans le ventre de Maman et que neuf mois après le bébé venait. Je l'ai entendu discuter un jour avec un copain de son âge : « Si la petite graine tombe, comment on fait pour la remettre dans le trou ? » Car pour l'enfant une petite graine égale un grain de blé. Et son copain de répondre : « Oh moi, il m'a dit qu'elle était blanche, mais chez les Noirs, elle est de quelle couleur ? » J'ai compris que les enfants savent beaucoup de choses sur la vie, d'où nous venons et comment nous sommes conçus, etc. Mais pas nécessairement comment nous le savons ou le comprenons, nous. Il vaut mieux s'appuyer, en matière d'éducation sexuelle (comme dans d'autres domaines), sur ce qu'ils savent et non sur ce que nous croyons qu'ils doivent savoir.

Communiquer c'est accepter de partager des différences. Pour témoigner de ces différences, et surtout des interrogations dont il est porteur, l'enfant va créer des jeux, des rituels ou des symbolisations.

> Au moment de la conception de sa sœur, ce petit garçon de sept ans passe son temps à démonter les réveils, les fers à repasser, les radios, etc., parce qu'il avait eu une information insatisfaisante sur « ce qu'il y avait dans le ventre » et surtout comment c'était venu. Cela a donné lieu à beaucoup de malentendus.

Nous restons, nous les adultes, trop fréquemment, au niveau des « nouilles »[1] avec un langage trop réaliste. Cet enfant cherchait sans doute à percer un des mystères le plus troublant de la vie. Il cherchait le mystère du désir, du comment « arrivent les enfants ! » Il sentait aussi qu'il se passait quelque chose qui allait bouleverser sa vie.

C'est vrai, je l'ai vécu souvent, c'est difficile, sacrément difficile avec les très jeunes enfants, qui n'ont pas encore accès au langage verbal, de les « entendre » sans imaginer, sans penser pour eux. Mais si nous acceptons cette hypothèse de base que tous leurs comportements sont des langages, peut-être aurons-nous envie... d'en entendre plus et par là même de nous donner les moyens de mieux dialoguer avec eux. De les reconnaître dans leur

---

1. C'est un malentendu fréquent entre les parents, les adultes et les enfants. Ce décalage entre la façon dont les enfants tentent de dire leurs inquiétudes mais aussi de comprendre la vie et la façon dont nous, les adultes, « nous n'entendons rien » neuf fois sur dix. Nous ne voyons rien en restant au niveau réaliste, ce que j'appelle « tricoter des nouilles » dans mon langage imagé. En répondant trop vite à une question, nous saturons l'enfant d'explications et nous passons à côté de l'interrogation réelle. Si nous pouvions essayer d'entendre, essayer de recueillir le vécu ou la perception de l'enfant... et ensuite partager avec lui nos connaissances mutuelles.

compétence, de les traiter comme des partenaires possibles, de se laisser interpeller, remettre en question par eux.

À L'AUBE DE TOUS NOS
LANGAGES, IL Y A LE CORPS.

Pourquoi la vie

Pourquoi la vie nous sourit
quand elle en a envie

Pourquoi la vie nous maudit
lorsqu'on n'est pas gentil

Pourquoi la vie nous fait pleurer
de rage et de colère

Pourquoi la vie nous apporte
des malheurs et des bonheurs

    Hein franchement
    dites-le moi

Eh bien parce que notre vie
c'est notre destin.

Karine SAUVANET
(douze ans)

Reconnaissance, écoute et dialogue avec les langages non verbaux

Dans les chapitres suivants je vais tenter d'illustrer quelques-uns de ces langages non verbaux chez l'enfant et dans une seconde partie je souhaiterais partager quelques témoignages puisés dans l'expérience d'adultes proches des enfants. J'utiliserai ces témoignages pour compléter ce travail d'approche sur la communication avec les enfants.

SI LES BESOINS POUVAIENT
PARLER ILS DIRAIENT À
CELUI QUI LES PORTE : « NE
ME JETTE PAS DANS LES BRAS
DE N'IMPORTE QUI,
RESPECTE-MOI, ÉCOUTE-
MOI AVANT. »

I

LA GESTUELLE

La gestuelle sera l'ensemble des signaux produits et envoyés en permanence par le corps. Ils ne sont pas issus, la plupart du temps, d'une intentionnalité mais sont émis à partir d'échanges subtils entre le corps et son environnement immédiat. Ils participent ainsi à l'incroyable échange de signes qui circulent entre les êtres vivants et qui s'inscrivent comme autant de relais, de réseaux pour tisser la trame de la vie et en faire une existence.

Le regard

Chez le tout jeune enfant, je le mets en priorité. C'est un langage non verbal extrêmement important. Les enfants nous regardent même quand ils font semblant de ne pas nous voir, et nous, nous les regardons trop peu, à mon avis. Nous les voyons, ce qui n'est pas pareil. Nous les surveillons ou veillons sur leurs comportements sans nous rappeler que *regarder* est une activité dynamique, stimulante. Quand une mère, une jardinière d'enfants s'arrête de faire ce qu'elle fait pour regarder, pour assister du regard bébé qui descend une marche, grimpe sur une chaise, manipule un objet, il peut recevoir par le regard une confirmation. Il se sent porté, relié, peut-être amplifié pour affronter la vie.

Mathilde fut un « bébé hurleur » durant cinq mois entiers.

Sa mère nous dira : « Jusqu'au moment où j'ai pris conscience que je ne la voyais pas. Je ne l'avais jamais vraiment regardée. C'est incroyable. Je lui donnais des soins, mais je ne lui donnais pas ma présence. Je n'étais pas là même quand je m'occupais d'elle. C'est un matin que j'ai compris cela en lui donnant le sein. Et ce jour-là, je l'ai regardée *vraiment*. Elle n'a plus jamais hurlé. C'est fou ça ! »

La puissance du regard dans les relations mère-enfant est confirmée par de nombreux témoignages.

« Quand il me regarde comme ça, je me sens fondre, je me sens vraiment sa mère. »

« À table, à son seul regard je voyais si mon père était ou non content de moi. »

POSER SON REGARD ET LE
LAISSER SE RENCONTRER
AVEC CELUI DE L'AUTRE.

Cela me paraît important de prendre le temps de s'arrêter, de poser son regard, d'échanger des signes de reconnaissance avec les yeux, sinon l'absence de regard ou notre regard peut être vécu comme une agression s'il balaye trop vite l'enfant. Être regardé renvoie à cette reconnaissance de base dont tout enfant a besoin : « Je ne veux pas être seulement vu mais reconnu. »

Quand un enfant joue dans une pièce, il vient de temps en temps autour de l'adulte, lui tire la jupe, déboule dans la cuisine pour tripoter quelque chose et retourne jouer seul dans une autre pièce. Il a besoin de rassurance et de confirmation et il sait faire quelque chose pour son besoin. C'est vraiment le besoin d'être reconnu et de reconnaître qui le mobilise et qui stimule notre regard.

Je voudrais vous inviter à sortir de la croyance qui consiste à penser que les comportements de l'enfant s'expriment soit en terme de demande d'amour, soit en terme de satisfaction ou d'insatisfaction. Bien sûr, nous sommes tous porteur d'une demande d'amour, mais nous sommes également porteur du besoin d'aimer. Et c'est d'ailleurs un beau cadeau que nous nous faisons à nous-même en aimant quelqu'un. Mieux comprendre un enfant ce sera renoncer à cette croyance fréquente qui consiste à n'entendre, à ne comprendre ou à ne repérer les comportements qu'en terme d'amour reçu ou mal reçu (il est bien aimé, il est mal aimé) ou en terme de satisfaction ou d'insatisfaction (on s'est bien occupé de lui, ou on ne s'est pas assez occupé de lui). Il ne faut pas ramener tous les comportements de l'enfant à cela. Je crois que beaucoup de comportements sont liés au besoin d'être reconnu et de reconnaître, au besoin d'inscrire (de tisser) son existence dans la vie. Le regard est un moyen vital pour confirmer l'autre[1]. « Je vous vois = vous existez pour moi. Vous existez différent de moi. »

Léa a dix mois et depuis quelques semaines elle se déplace à quatre pattes.

---

1. Vous avez certainement constaté le malaise de beaucoup de personnes au téléphone... elles ne voient pas, ne sont pas vues et les mots ont du mal à se dire, à trouver un chemin jusqu'à l'autre.

Ce soir-là, ses parents sont assis dans la cuisine et elle avance vers eux, venant du salon. Entre les deux pièces il y a une marche de quinze centimètres à descendre. Elle arrive au haut de la marche, pose une main dans le vide, explore encore les lieux, puis se plante sur ses bras et envoie à sa mère un regard très éloquent qui semble dire : « Maman, il y a un obstacle, viens me chercher, je sais que tu vas venir, j'attends. »

L'élan de la mère est instantané, elle se lève de sa chaise, son mari pose sa main sur son bras et lui dit :

« Laisse-la faire. »

« Mais hier elle s'est fait une bosse à la tête en jouant dans la cour, c'est la première bosse au front de sa vie... »

Le père parle à l'enfant :

« Tu peux descendre seule. Tu peux le faire. Tu poses ta main en bas, puis l'autre, ce n'est pas haut. »

L'enfant essaie, hésite, tâte le vide, recule et envoie à nouveau à sa mère un regard d'attente confiante, de demande paisible, celle d'une enfant qui sait qu'elle peut compter sur l'aide bienveillante de sa mère.

La mère a du mal à résister. Elle négocie avec son mari :

« Je ne vais pas la chercher, je m'approche un peu seulement. »

Elle va s'accroupir à un mètre de l'enfant et à son tour lui dit : « Viens, tu peux. »

Le suspense dure trois bonnes minutes. C'est long trois minutes. D'essais en reculs, de regards en regards elle pose un bras, un autre, le derrière suit et triomphante elle s'avance d'elle-même vers ses parents, sous les bravos.

Dans cette situation nous voyons combien Léa est compétente à stimuler sa mère, par le regard. Celle-ci se lève d'un bond. La parole du père est importante, elle est séparative et tente d'être structurante.

Dans la situation elle n'est pas suffisante, c'est la mère qui a besoin *de faire,* elle s'approche, tend les bras et permet ainsi la réussite de l'enfant. La puissance du regard-appel qui dit : « J'ai confiance en toi ou j'ai peur, viens à mon secours. » Il y a bien d'autres regards : le regard-reproche, accusateur, le regard-défi de certains enfants est fantastique : « Tu me dis de ne pas toucher... je touche quand même. »

> PAR LE REGARD EST
> COMMUNIQUÉ LE PLAISIR
> MUTUEL QUI CIRCULE
> ENTRE DEUX ÊTRES.

Le plaisir et le bien-être montrés sont autant de jalons pour développer la confiance en soi. Nous vivons trop souvent en autoprivation de plaisir.

> Cette femme de quarante ans se souvient encore avec émotion de cette promenade à trois avec sa sœur et son grand-père. Elle s'était approchée du grand-père par-derrière et avait mis sa main dans celle de l'adulte qui avait dit sans se retourner : « C'est toi ma Véronique chérie. » Profondément blessée de n'avoir pas été reconnue (Véronique étant le prénom de sa sœur) elle avait retiré sa main et s'était éloignée.

« Et plus tard je doutais toujours de mon ami quand il me prenait le bras dans la rue, j'imaginais qu'il se trompait, que c'était à quelqu'un d'autre qu'il aurait dû donner le bras, que je ne le méritais pas. »

« J'existe différent également de tes propres peurs ou de tes propres désirs ou de tes propres attentes. »

Cela est très important en matière de communication de ne pas confondre désir et demande. Combien de parents et d'adultes commettent l'erreur de vouloir satisfaire un désir, en croyant que ce désir est une demande. Beaucoup de désirs d'enfants sont une façon pour eux d'énoncer leur existence. Nous existons parce que nous sommes des êtres désirants. C'est le propre de l'homme, nous sommes des êtres de désir et l'important est d'en témoigner. Le drame de beaucoup de parents et d'adultes c'est qu'ils vont « assassiner » les désirs des enfants en les comblant, en les transformant en demandes. Je risque de choquer certains d'entre vous en disant cela. Mais je vous invite seulement à plus de vigilance dans l'écoute. Ne pas transformer le désir en demande. Si nous « assassinons » trop fréquemment le désir, c'est le dynamisme même de l'humain, fondé sur les mouvements du désir, qui est atteint.

Je voudrais dire que le propre du désir est dans le besoin d'être entendu. Quand un enfant vient demander de jouer au ballon avec ou sans mots, il suffit parfois de lui dire :

« J'ai bien entendu que tu désires jouer au ballon, mais nous avons maintenant une autre activité. »

« J'ai bien entendu ton désir de jouer à la poupée.
Je ne vais pas jouer maintenant car je vais passer à
table. »

NE PAS TRANSFORMER LA
DEMANDE EN SATISFACTION
OU COMBLEMENT.

C'est par le regard que l'enfant « rencontre » et se
rencontre avec le monde. C'est par le regard que le
monde va faire irruption en lui. Nous croyons qu'il est
possible de relier certaines myopies à des événements
« troublants » ou perçus comme incompréhensibles.

Nous avons entendu de multiples exemples et témoignages où des ex-enfants pouvaient rattacher leur myopie
à des scènes familiales mal vécues.

« Je me suis souvent interrogé sur ma myopie et je
l'ai comprise quand j'ai entendu, un jour, un
homme dire : " J'avais cinq ans quand j'ai vu
pour la première fois les seins de ma mère, elle
allaitait ma sœur et j'ai été si troublé que ma vue
s'est brouillée, pendant toute cette journée je
voyais mal... "
Moi aussi j'ai été troublé par quelque chose de
semblable. Quelque chose que je ne voulais pas
voir, qui n'aurait pas dû exister et qui pourtant
s'imposait à moi avec violence. Un dimanche
matin je suis entré tout joyeux dans la chambre de
mes parents et là ce que j'ai vu m'a paniqué... mais
je ne vois pas ce que j'ai vu. Je suis sorti sans rien
dire, c'était terrible, un malaise épouvantable.
Quelques mois après je devais porter des
lunettes. »

Le sourire

Longtemps après Spitz qui en avait repéré l'importance comme élément de socialisation, le docteur T. Berry Brazelton[1] a tenté, pourrait-on dire, de réapprendre aux parents le langage du sourire. Il a fait avancer la communication entre parents et enfants en mettant en évidence l'importance du sourire comme mode d'apprivoisement et de stimulation. Notre sourire comme celui de l'enfant est à la fois une tentative d'apprivoisement de l'univers de l'autre, un signe de bien-être, une reconnaissance et un stimulateur des récepteurs. Le sourire ouvre les portes au recevoir.

> LA GESTUELLE, C'EST AU FOND UNE CERTAINE FAÇON POUR L'ENFANT D'EXPRIMER CE QUI EST AU-DEDANS, DE LE DIRE AU-DEHORS, DE TÉMOIGNER DU DEDANS AU-DEHORS.

Bien sûr on ne peut sourire sur commande. Quand nous sommes fatigués ou que nous avons des soucis cela nous appartient. Le seul fait de l'énoncer, non en termes de plainte, mais bien comme l'expression réelle de ce que nous éprouvons suffit parfois à dénouer la tension. Autrement cette tension est perçue par l'enfant qui s'en attribue la cause (vieux relent de la toute-puissance magique du bébé). Si nous ne pouvons pas sourire, nous pouvons apprendre à lâcher notre corps, à lâcher notre mâchoire en particulier, à relâcher les épaules et la

1. *T. Berry Brazelton vous parle de vos enfants*, Éd. Stock-Laurence Pernoud, 1988.

respiration. Nous faisons passer beaucoup de violence avec un regard froid, figé, absent. Nous nous faisons violence et faisons violence à l'autre en gardant les épaules, la nuque, le thorax crispés. Chaque fois que nous allons voir un bébé ou un jeune enfant pour un contact physique, nous pourrions apprendre à relâcher davantage notre respiration, déposer le trop-plein de nos tensions accumulées inévitablement au quotidien des tâches.

Dans la nuque nous gardons le ressentiment. Si nous mettons la main sur notre nuque nous allons sentir une proéminence... C'est la bosse du ressentiment. Ce sont les millions de fois où nous avons eu envie de dire non en disant oui. Mon médecin préféré, à l'époque où j'avais beaucoup de ressentiments, appelait cela de l'arthrose... !

LES ENFANTS ANTICIPENT
PARFOIS, SENTENT LES
TENSIONS DE L'ADULTE ET
S'EN PROTÈGENT PAR DES
CONDUITES
ANTIRELATIONNELLES
COÛTEUSES EN ÉNERGIE.

La respiration

La respiration est certainement le premier des langages à notre disposition quand nous venons au monde. Ce langage est aussi le premier à traduire nos interrelations avec l'environnement. Il traduit par son rythme, son intensité, la moindre de ses oscillations, notre relation au monde.

Quand un enfant nous pose une question un peu gênante ou angoissante notre rythme respiratoire se modifie. Nous tenons, par exemple, notre respiration en apnée ou celle-ci s'accélère. Cela il le sent et devine que c'est un sujet douloureux, un sujet difficile... pour nous.

Par exemple, dans un repas de famille, de communion... un membre de la famille pose une question : « Qu'est devenu l'oncle Georges ? » Silence, respiration suspendue (c'est le fameux ange qui passe) puis on demande à l'enfant d'aller chercher quelque chose dans une autre pièce ou à la cave.

Et l'enfant sentira très vite qu'autour de Tonton Georges il y a quelque chose de pas clair (quel que soit l'âge de l'enfant). Il apprendra plus tard que l'oncle Georges a commis quelque acte répréhensible ou autre chose, qu'il y a de la honte ou de la violence autour de lui.

● Cette petite fille se sentait blessée chaque fois qu'elle tentait de s'approcher de son père et qu'il la repoussait en disant : « De l'air, de l'air, j'étouffe dans cette maison. » « Quand il a quitté ma mère, j'ai commencé à faire des crises d'asthme. »

● Clara à l'âge de huit ans dit pendant le repas : « J'ai vu un exhibitionniste à l'arrêt du bus, c'était formidable, il ouvrait son imperméable, c'était génial. »
Nous étions de plus en plus inquiets, respiration suspendue en attente de l'insupportable ! Quand elle eut terminé sa phrase il y eut un éclat de rire général.

« Il avait découpé les jambes de son pantalon et entre le haut des cuisses et la taille, il n'y avait rien. Quand il ouvrait son imperméable, c'était génial ! Il avait mis des élastiques pour tenir simplement les jambes du pantalon. Vous vous rendez compte, le pantalon avait même gardé le pli. C'était super ! »

Elle avait remarqué le système ingénieux qu'avait trouvé cet homme. Elle riait aux éclats des années après en se souvenant de cette histoire. Et le rire, c'est la respiration de l'esprit.

> OSER RESPIRER PROCHE DE L'AUTRE C'EST DÉJÀ LE RECEVOIR.

• Les difficultés respiratoires de cette petite fille (l'inspiration est retardée jusqu'au dernier moment) sont sa façon à elle « de ne pas prendre l'air » (l'aire aussi ou la place) des autres. Elle se sent en trop, elle est arrivée la sixième et trois vont suivre encore, elle n'a jamais trouvé sa place.

Elle dira bien plus tard :

« Chaque fois que je respirais j'avais l'impression de déranger tout le monde. Que les gens allaient se retourner vers moi en se demandant qu'est-ce que je faisais là. Je me retenais le plus possible. »

L'expression « il ne manque pas d'air » s'adresse à quelqu'un qui prend trop de place, qui s'impose un peu trop.

Dans les moments de tension, d'émotion vécue par l'autre, nous pouvons simplement faire entendre notre respiration. Lâcher l'expir c'est une façon d'inviter à lâcher prise sur la souffrance, sur le ressentiment, sur les malaises.

• « Mon père était déjà dans le coma quand je suis allée lui rendre visite à l'hôpital. J'étais désespérée ne sachant comment établir une communication avec lui, puis je me suis mise à respirer et le miracle c'est qu'il s'est mis lui aussi à respirer à mon rythme. Ce fut un moment d'accord extraordinaire, juste avant qu'il ne s'éteigne. »

À la naissance il serait possible de préserver un moment juste après l'expulsion pour inviter la maman et le papa à respirer proche du bébé, à lui faire entendre leur respiration. Dans les premiers mois de la vie et plus tard dans les moments de crise, la respiration devrait être un des langages privilégiés de l'échange proche. Dans la respiration c'est un peu de l'immense pulsation de la vie qui se transmet.

Les tensions

Gestes réactionnels, ruptures de rythme, violences portées, retenues ou exprimées, voilà quelques-uns des signaux que nous allons transmettre et inscrire parfois dans le corps de l'enfant, à partir de l'inscription des tensions dans notre propre corps.

Si nous sommes inquiets, en colère ou menacés, nous allons le manifester par la qualité de la respiration, par un arrêt ou une modification du rythme, par la moiteur des mains et faire passer ainsi beaucoup de messages. L'enfant peut inscrire cela très tôt dans son propre corps et se protéger de la menace, de l'angoisse qu'il ressent, à tort ou à raison.

● Cette jeune femme nage au milieu de la piscine quand soudain elle s'écrie : « Foutez-moi la paix, laissez-moi tranquille… », puis coule.

Elle se réveillera six heures après en ne se rappelant de rien. Aujourd'hui elle peut relier cet événement à ce qu'elle vivait dans sa vie de femme et qui ne pouvait être dit (par elle) ni entendu (par ses proches). Elle peut aussi en retrouver le sens quand elle « s'arrêtait de respirer » toute petite dans son lit pour ne plus entendre les cris de ses parents se disputant à cause d'elle.

Répétons-le encore : l'enfant ne perçoit de la réalité qu'une infime partie. Réalité morcelée, discontinue dont l'impact que nous appellerons son « réel » sera le résultat de la rencontre des événements (hors de lui) avec son imaginaire et sa fantasmatique personnelle (en lui). Ce mélange, qui joue sur trois registres en même temps (réaliste, imaginaire et symbolique) échappe trop souvent aux adultes, mais il reste conflictuel pour l'enfant, embrouillé, chargé de contradictions.

● « Le petit Jean ne voulait pas quitter le cimetière où l'on venait d'enterrer son grand-père et ses parents s'impatientaient, ne comprenant pas son obstination butée.
Enfin il a pu dire :
« Mais Maman, j'attends qu'il monte au ciel ! »
Oui, on avait dit à cet enfant : « Ton grand-père ira au ciel ! »

Imaginons qu'il n'ait pu dire les mots, qu'il ait gardé cette attente en lui ? Combien de comportements anxieux auraient tenté de dire en lui ses interrogations ? C'est ce mystère du réel tel que vécu par tel enfant à un moment donné, qui nous échappe le plus.

Le rythme

Dans un espace limité et dans les relations de proximité, suivant les moments de la journée, nous introduisons des rythmes différents.

Par la façon dont nous introduisons un rythme, celui-ci va être porteur de violence, d'agression ou de sécurisation. Je souhaiterais vraiment que les travailleurs de la petite enfance apprennent à faire des gestes de ballet, des gestes de danse, des gestes emphatiques qui agrandissent la rencontre. Par exemple pour accueillir un enfant le matin, les adultes ont souvent des gestes trop rapides qui ne respectent pas le temps interne de l'enfant. Si nous arrangeons le col de la chemise d'un enfant, il peut recevoir cela comme une attention mais aussi comme un dérangement, une agression. Ce serait vraiment important si nous pouvions ralentir nos gestes. Combien de fois je vois des caresses qui sont des attaques, des attentions qui sont des intrusions, des câlins qui sont des prises de possession.

Quand nous prenons un enfant dans nos bras, ne nous précipitons pas. Poser la main sur l'enfant et écouter notre main, c'est un geste merveilleux, si la main devient une coquille où l'enfant peut poser sa tête. Accueillir, ralentir les gestes, se mettre à sa hauteur. S'il peut venir, s'approcher, être reçu, pour lui c'est fabuleux.

LE RYTHME ACCORDÉ DIRA
L'HARMONIE DE LA
RENCONTRE.

● Cette jeune fille de quatorze ans n'est pas encore réglée. Sa mère la trouve dans sa chambre sautant sur un pied puis sur l'autre en gesticulant.

« Je fais la danse des règles, en sautant comme les Indiens elles vont tomber... »

Le soir même c'était la fête, les règles étaient arrivées. Et quatorze ans après la mère, qui a une aménorrhée depuis neuf mois, en racontant cela, spontanément se met à sauter pour illustrer la danse des règles de sa fille. Et quelques jours après ses règles reviennent.

● Depuis quelques années je fais de la gymnastique chinoise[1] et beaucoup de mes gestes ont changé de sens, dans la relation amoureuse, avec ma partenaire ou dans les relations affectives, avec mes enfants. Je n'ai plus les mêmes gestes, les mêmes mouvements pour les accueillir. Avant, j'avais des gestes qui voulaient donner ou prendre, maintenant j'ai des gestes qui proposent. Des gestes qui signifient que quelque chose devient possible si l'autre en a la disponibilité. Oser faire des gestes qui soient de l'ordre de la proposition, de l'invitation. Des gestes que j'appelle les gestes du possible. Des gestes qui relient, prolongent, amplifient.

L'énergie

L'énergie est un concept relativement récent en Occident. Il est plus connu en Orient. Je crois que nous découvrons de plus en plus que nous pouvons envoyer à l'autre, à l'enfant, de l'énergie positive, sorte de « vitamines », ou que nous pouvons envoyer de l'énergie négative équivalente à des « poisons » ! Avec un peu

1. Tai chi chuan.

d'attention à nous-mêmes nous sentons quand nous sommes « chargés négativement ». Il serait possible de dire : « Attention, attention à toi aujourd'hui, je ne suis pas bon pour moi, je ne vais pas être bon pour toi. »

En matière de relation nous avons tous ce que j'appelle le « sida relationnel ». Nous sommes très démunis face à certains gestes, attitudes, ou paroles apparemment bénins mais qui vont nous toucher comme des coups dévastateurs. Face à certains comportements, devant certaines paroles nous sommes sans aucune immunité, d'une vulnérabilité telle que nous sommes très étonnés d'avoir survécu, d'être encore entier.

> NOUS AVONS OUBLIÉ
> COMME PARENTS QUE
> CERTAINS MOTS, CERTAINES
> PAROLES À BASE DE
> JUGEMENTS, PORTEURS DE
> REJETS OU DE MENACES
> S'INSCRIVENT CHEZ
> L'ENFANT COMME UNE
> BLESSURE SANS APPEL.

« Ma partenaire me dit quelque chose de très banal, elle ne sait pas que je l'ai reçu comme un " coup de canon " dans le ventre, et que toute la soirée et même plusieurs jours durant, je serai totalement déstabilisé. Il faudra beaucoup, beaucoup de mots pour réparer. »

À mon avis les nouvelles recherches sur la communication devraient permettre dans les vingt à trente prochaines années de mieux nous protéger contre la « pollution » relationnelle d'autrui. Nous sommes vraiment sans immunité aucune contre certaines paroles, certaines réflexions ou certains comportements.

Regardez ce qui se passe dans une communication

entre adultes. Vous êtes au travail, vous avez ce matin-là une bonne énergie, votre collègue vous dit quelque chose qui vous touche, qui réactive un malaise. Vous répondez banalement mais votre matinée est gâchée. Ce collègue vous a envoyé du « poison » sans peut-être le savoir, sans le faire intentionnellement.

Dans la rue, vous marchez, tout va bien, la vie est belle, vous croisez quelqu'un de votre connaissance, vous discutez quelques minutes, vous repartez et vous avez un torticolis, la nuque douloureuse. L'autre vous a, j'ai envie de le dire au sens fort du terme, empoisonné. Il a déposé sur vous quelque chose de l'ordre du mauvais, du pas bon pour vous.

D'ailleurs, l'inverse est vrai. Vous êtes fatigué, la journée ne s'annonce pas bien. Quelqu'un vous téléphone, vous avez un petit échange et vous vous sentez bien, vous êtes dynamisé. Il vous a envoyé des vitamines.

C'est un concept que nous ne gérons pas facilement car nous ne savons pas très bien de quoi est faite cette énergie. Qu'est-ce qui fait qu'elle passe du pôle positif au pôle négatif. Qu'est-ce qui nous rend soudain si vulnérable à telle ou telle parole, à telle ou telle attitude.

Mais avec un peu de vigilance, d'écoute de soi-même, il est possible de mieux différencier l'énergie qui circule en nous, l'énergie envoyée et reçue.

Par exemple avec ma colère, avec mon angoisse d'aujourd'hui, mes tensions de l'instant, je déciderai de ne pas prendre cet enfant dans mes bras. Peut-être me faut-il introduire une distanciation plus grande ou trouver un autre mode relationnel plus symbolique qui me permettra de garder la relation sans envahir nécessairement l'enfant avec ce que j'éprouve ou ce que je ressens. Nous sommes trop souvent en prise directe sans savoir que des médiations sont possibles par des objets ou des actes symboliques.

Les silences

Tous les silences sont des langages... mais d'inégales importances bien sûr.

> UN ENFANT QUI NE PARLE
> PAS... C'EST UNE INVITATION
> À PARLER... DE NOUS À LUI !
> « JE VAIS TE PARLER DE
> L'ENFANT QUE J'ÉTAIS, JE
> VAIS TE DIRE CE QUI
> M'HABITAIT, MOI, DANS MES
> SILENCES... »

Oui, beaucoup d'enfants se disent avec des silences. La force de l'imaginaire est telle que parfois elle habite l'enfant et l'empêche de « sortir » de lui, de communiquer avec autrui. Si nous acceptons de ne pas bousculer ces silences, d'entrer en relation à partir de nous avec lui... en utilisant nous-mêmes tous les autres langages qui sont à notre disposition, le silence devient alors un support à l'échange.

Il sera surtout une invitation à utiliser l'immense réservoir de nos autres langages possibles.

C'est Françoise Blot qui a introduit le terme de silence émotionnel en s'interrogeant sur le devenir d'un enfant qui s'interdit toute manifestation émotionnelle, rires ou pleurs, qui ne vit qu'en fonction des manifestations extérieures pour lesquelles il se sent programmé, enfermé, bâillonné.

« S'il se laissait entraîner par une manifestation intérieure émotionnelle il pourrait mourir ou tomber gravement malade. »

« J'ai reçu un choc lorsque j'ai subitement pris conscience de ce vécu de mon enfance. »

L'essence même d'un être se trouve de ce fait gravement abîmée pour toute sa vie à venir. Il manquera à sa constitution un élément nourrissant essentiel, la sève des émotions. Si essentiel, qu'il peut vivre toute sa vie handicapé « émotionnel » (comme il y a des handicapés mentaux ou physiques). Quelque chose qui *l'infirmera* (qui l'enfermera aussi) et qui manquera pour qu'il puisse s'affirmer tout à fait comme un être plein et entier.

Il pourra utiliser des systèmes de compensation, des subterfuges, des sentiments et des conduites-écrans pour survivre.

Si l'émotionnel re-apparaît après un travail sur lui-même, dans un premier temps, cet émotionnel sera tel que le contrôle et la maîtrise seront difficiles. Ce sera comme un ouragan, comme un barrage qui saute à chaque stimulation et qui envahira l'être avec une telle violence, une telle force que l'endiguement se fera difficilement. Cette éruption de l'émotionnel le rendra vulnérable, fragile, peut-être incohérent aux yeux de son entourage.

Ce qui n'a pu s'ouvrir et grandir avec l'évolution et le grandissement de l'individu crée une béance telle que le jour où s'ouvre cette partie vitale et vitalisante de l'être (qui le rend en même temps plus créatif, plus expressif), toute la vie s'engouffre dans cette béance. Lui sera alors donné et révélé toute l'ampleur et la magnificence de son existence. Cette béance, si elle ne reste pas béance, peut devenir ouverture.

En effet tout peut rentrer, pénétrer, envahir cette béance. L'individu n'a plus, dans cette phase de changement, de protection naturelle. Il devient vulnérable, sans défense et tout peut l'atteindre. Tout peut aussi le dynamiser.

Peut-être pourra-t-il créer des protections qui le mettront à l'abri de ce qui n'est pas bon pour lui, peut-être pourra-t-il faire confiance à une relation significative pour lui.

Le changement ne va pas sans tâtonnement, sans cheminement, sans souffrance. Car même le bon… risque de faire souffrir dans un premier temps, comme une jambe longtemps ankylosée et qui se mobilise à nouveau dans un cri.

> LE PLUS GRAND DES DÉSIRS…
> COMMUNIQUER DE
> PSYCHISME À PSYCHISME ET
> NON DE PERSONNE À
> PERSONNE UNIQUEMENT.
> CELA VEUT DIRE SE PARLER
> ET ÊTRE ENTENDU
> D'INCONSCIENT À
> INCONSCIENT. VOILÀ
> L'ASPIRATION LA PLUS
> INOUIE QUI NOUS POUSSE
> VERS AUTRUI.

Sous le nom de gestuelle, nous venons de présenter quelques langages possibles, faisons-leur une place plus grande dans nos échanges.

Nous sommes dans une civilisation où les mots dominent, mais leur impérialisme risque d'étouffer des potentialités extraordinaires chez chacun.

II
LES PASSAGES À L'ACTE

Ils sont l'irruption brutale dans la réalité d'une trop grande angoisse, d'un refus insupportable, d'un conflit, d'un déséquilibre dans la représentation du monde.

Ces comportements soudains ou répétitifs qui semblent compulsifs, souvent liés à une décharge d'agression ou d'angoisse non médiatisée par la parole ou par le symbolique, vont être vécus par l'entourage comme gênants, déstabilisants et donc réduits ou supprimés, au lieu d'être entendus comme des langages. Ils inquiètent, mobilisent l'attention et le « faire » des adultes qui va tenter de les supprimer ou de les réduire.

Les passages à l'acte seront de deux sortes :
— tournés vers soi ;
— tournés vers autrui.

Auto-agression

Quand un bébé ou un enfant s'arrache les cheveux, cogne sa tête par terre, se griffe, se mord, bref se fait violence à lui-même ou à une partie de lui-même. Certains enfants se mettent constamment en danger, frôlent sans cesse l'accident comme pour jouer avec la vie et la mort.

Certaines de ces auto-agressions, aussi paradoxal que cela puisse paraître, donnent à l'enfant le sentiment d'exister, de lutter contre le morcellement, contre le manque ou l'absence d'une partie du corps. Se sentir exister par la sensation de la douleur. On retrouvera cela plus tard chez l'adulte qui « cultivera » sa souffrance pour lutter contre le vide de l'existence.

La recherche des sensations corporelles pour se sentir exister dans son corps prendra une place essentielle dans certaines phases du développement.

• Tourner longtemps sur la balançoire ou sur soi-même jusqu'au vertige.

• Celui-ci se cramponne à son sexe dès qu'une situation lui paraît menaçante.

Le passage à l'acte crée du mouvement, il rompt la routine, la quiétude soporifique. Il introduit l'imprévu dans trop de prévisible. Il sert aussi à modifier les rapports de force et l'alternance des rapports de force.

Agressions tournées vers autrui

Multiples et multiformes elles peuvent être essentielle-ment réactionnelles ou, plus gravement, modalités rela-tionnelles permanentes dans la rencontre avec l'autre.

Dans le premier cas elles peuvent se comprendre comme des tentatives d'affirmation : « Je suis là », une confirmation de puissance : « Le monde doit tenir compte de moi. »

● Ce petit garçon cache fréquemment les boucles d'oreilles de sa maman. Il refuse farouchement de dire où elles sont cachées et le plus souvent d'ailleurs ne s'en souvient plus du tout.

Ce sera peut-être sa façon de dire : « Je suis plus important pour toi que tes sorties. »

Fugues, coups, vols, destructions, agitation motrice, accidents sont autant de passages à l'acte qui tentent de dire un conflit, un déséquilibre, un appel.

● Un petit garçon a piétiné l'appareil photo de son père qui, ces derniers temps, servait beaucoup à photographier son nouveau petit frère.

● Une petite fille a coupé le ventre de son ours après avoir plusieurs fois, déjà, crevé les coussins du salon.

Les passages à l'acte sur autrui ont des sens très diversifiés, ils ne sont jamais gratuits ou « spontanés ». Ils surgissent dans un cycle de causes à effets.

Les causes les plus fréquentes chez les jeunes enfants :

● Revendication de la « propriété » ou plutôt de ce qu'il conviendrait d'appeler la jouissance (jouets), le droit à la jouissance, au plaisir immédiat de manipuler plus que de posséder.

● Attirer, capter, mobiliser l'attention de l'adulte.

● Revendication d'un territoire, d'un espace privilégié.

● Protection de l'intégrité corporelle.

● Jalousie, exclusion.

Les passages à l'acte sont des « langages » difficiles à entendre car, dans un premier temps, ils menacent l'écoutant potentiel et cette menace, justement, le dévie de son écoute.

Les parents et les adultes réagissent et par là même n'entendent pas.

Serait-il possible d'imaginer ce dialogue éventuel venant de l'adulte :

> « C'est vrai je suis touché par ce que tu as fait et dans un premier temps inquiet et démuni. Mais je suis surtout touché parce que je sens profondément que tu veux dire quelque chose d'important. C'est tellement important que tu n'hésites pas à prendre un moyen douloureux pour le dire. »

Autrement dit offrir son écoute, son attentivité, la présence bienveillante et ferme d'un ancrage, pour favoriser chez l'enfant une confrontation possible. Rien n'est pire que la démission des adultes face à la recherche et aux contradictions mises en actes par un enfant.

III

LES RITUELS

Ce sont des gestes répétitifs, des comportements, des productions qui vont être introduits dans la relation pour, globalement, apprivoiser le monde extérieur. Les rituels seront la façon dont l'enfant va se défendre contre les menaces possibles du monde extérieur ou au contraire dont il va intégrer les contradictions de son entourage.

La petite Florence se souvient des menaces de sa mère : « Si les petits ne sont pas sages, je pars. » Elle se sentait responsable de la « sagesse des deux petits frères », aussi prenait-elle sur elle de dévier la colère de la mère et de la capter symboliquement. « Je tapissais régulièrement les murs de ma chambre avec mon caca. »

L'enfant va donc produire des comportements d'apprivoisement, des conduites de médiation entre la façon dont le monde extérieur lui arrive et la façon dont il peut l'intégrer.

Beaucoup de comportements liés à la prise de nourriture, à la propreté, à la vêture, au coucher, au lever vont témoigner de cette rencontre avec la réalité. Et plus tard combien d'insomnies d'adultes seront des tentatives pour « rattraper tout ce qui n'a pas été vécu ».

> « Pendant des années je n'arrivais pas à m'endormir. Je prenais des somnifères. J'avais, à cette époque, sans arrêt, le sentiment de " passer à côté de ma vie ". J'ai retrouvé le sommeil quand j'ai commencé à vivre pleinement ma vie, sans l'économiser. »

Regardez comme certains enfants ont de la peine à se lever, à affronter le jour, à entrer dans le mouvement, dans l'espace. Ils ne sortent pas comme cela du lit pour entrer de plain-pied dans la réalité, il va leur falloir trouver un certain nombre de médiations. J'utilise le mot « **médiation** » parce que, effectivement, le rituel va servir à cela. Médiation entre une certaine réalité, un monde infini plein de mouvements, de bruits, d'inconnu et ce petit bébé, ce petit enfant, ce jeune enfant qui doit entrer dedans ou, si c'est trop menaçant, qui va tenter de rester sur la périphérie, à l'extérieur et légèrement en retrait de cet univers qu'il ne comprend pas toujours. Certains gestes, certaines attitudes lui permettront de rester au bord, en dehors des influences d'un monde parfois totalement incompréhensible.

Les rituels inventés par les enfants sont innombrables. Une infinité de situations peuvent servir de support à ces rituels. Avec la toilette, commencer à se laver telle ou telle partie du corps en premier, disposer les objets, les vêtements...

> « Dans le rituel de toilette de mon enfance, qui avait lieu le samedi, j'étais en danger permanent. On plaçait une grande lessiveuse au milieu de la

cuisine et tout le monde pouvait arriver à n'importe quel moment. Je sentais sur mon corps toutes ces menaces, d'autant plus redoutables qu'imprévisibles. »

« Aujourd'hui, il y a des douches, des salles de bains, donc plus d'intimité pour le corps. Les gestes qui passaient sur mon corps étaient chargés de bienveillance mais parfois aussi d'impatience, de rejet ou d'inquiétudes. »

Dans les actes de la toilette, il y a des parties du corps qui ne sont jamais touchées, par exemple derrière le genou, ou des endroits qui sont vécus comme plus menaçants par tel ou tel adulte chargé de s'occuper de l'enfant.

Il y a, bien sûr, l'incroyable richesse des rituels de nourriture. L'enfant va diviser son assiette, faire des petits tas, commencer par le moins bon ou par le meilleur, attribuer des significations à tel ou tel mets, telle ou telle fonction à tel ou tel légume, fruit... Il dessinera sur sa purée, chipotera sur tel morceau de viande.

Évidemment, dans les rituels, mais avec une fonction symbolisante, vont se retrouver tous ces petits objets, les doudoux, les nounours, etc., avec lesquels il va se relier ou plutôt va tenter de relier le monde extérieur à lui-même.

● « À six ans, on m'avait dit : " Ta grand-mère nous a quittés, elle est partie. " Et moi, toutes les nuits, je me levais, j'ouvrais la porte pour qu'elle revienne. Mes parents me disputaient et moi je les détestais croyant qu'ils l'avaient mise dehors. »

● Ce petit garçon de sept ans et demi sait compter jusqu'à dix avec les doigts de sa main, un, deux, trois, quatre, il saute le cinq, six, sept, huit, neuf, dix. Il ne sait pas dire le chiffre cinq et refuse de le nommer.

Son institutrice, en reliant ce symptôme à la mort de sa grand-mère qui l'avait élevé jusqu'à cinq ans, lui permettra de dire sa souffrance et de la nommer.

Un matin il arrive triomphant à l'école : « Je sais dire cinq, c'est là », et il montre son doigt.

• Cette femme de quarante-six ans retrouve en elle une petite fille vivante qu'elle avait perdue quarante-trois ans plus tôt.

« J'ai trois ans, j'ai un beau manteau en lapin bleu, j'ai les bras ouverts, je dis quelque chose d'important et je ne suis pas entendue.

Je dis : " Mon petit cousin est malade, il va mourir. "

Et mes parents me répondent : " Non il ne va pas mourir. "

Je coupe tout, je me ferme, et quand il va mourir on dira : " Elle ne sait rien. "

Je porte cette petite fille silencieuse depuis quarante-trois ans. »

LA SOUFFRANCE DU VIVRE
TROP RÉPANDUE CHEZ DE
NOMBREUX ADULTES SERA
LIÉE À UNE
COMMUNICATION
ERRONÉE AVEC LE MONDE
DE LEUR ENFANCE.

Je voudrais insister encore sur la différence entre le réel et la réalité. Le réel sera ce que l'enfant appréhende de la réalité telle qu'il la perçoit à l'aide de son imaginaire, de ses fantasmes et même des rituels ou des passages à l'acte. La réalité qui lui est proposée sera redessinée, remodelée pour être intégrée, absorbée.

• « Cette petite fille de quatre ans se réveille après la sieste de quatre heures et découvre ses parents peignant le salon. Elle les voit " jouer à la peinture ". Elle s'approche et veut aussi jouer avec eux. Elle ne comprend pas leur refus car c'est un plaisir de jouer.

Sa mère, brusquement se met en colère et lui donne une fessée. La petite fille hurle d'injustice et la mère la jette tout habillée sous la douche. » Cette ex-petite fille dira plus tard :
« J'ai cru, à ce moment-là, qu'elle voulait me tuer. Elle m'a laissée toute seule, j'ai encore pleuré silencieusement et puis je suis partie sur la route. Je voulais mourir pour être aimée enfin. " Si je meurs et qu'ils soient tristes, je verrais bien qu'ils m'aiment. " »
Ainsi, une petite fille de quatre ans se sent obligée de désirer la mort pour avoir une preuve de l'amour de ses parents.

• « En allant à l'école, je m'arrangeais pour marcher sur le bord en granit du trottoir, sans mettre les pieds sur une raie. Si j'arrivais jusqu'au croisement sans échouer, j'étais sûr que je ne serais pas interrogé en calcul. »

• « La saison la plus fabuleuse et la plus terrible était l'automne. À cinq ans j'allais déjà seul à l'école maternelle car il n'y avait aucune rue à traverser, mais l'allée bordée de huit rangées de platanes était une aventure et une épreuve. Je marchais dans les feuilles mortes jusqu'aux aisselles parfois. Un jour j'ai perdu dedans mon goûter. Mais les jours de grand vent j'étais épouvanté à l'idée d'avoir à traverser cet océan déchaîné de feuilles mortes. Alors j'ai inventé l'avion invisible. Il faisait escale d'arbre en arbre pour me transporter sans difficultés. »

• « À six ans, j'ai vu ma mère repasser des " drôles de petites serviettes " qui étaient les

serviettes hygiéniques de l'époque. J'ai demandé :
" C'est pour quoi faire ? " Et ma mère de répondre : " C'est pour le thé. " »
À quelques jours de là, voyant ma mère réunie avec des amis autour d'une tasse de thé, je lui ai apporté, après avoir ravagé la moitié de l'armoire à linge, les fameuses « serviettes ». J'ai reçu une fessée monumentale par ma mère, rouge de honte devant ses invités.

Dans les rituels, mais non perçus comme tels par la plupart des adultes, nous mettrons le questionnement des enfants.

Oui, le questionnement des enfants, aussi paradoxal que cela puisse paraître, peut être considéré comme un des langages « non verbaux » des plus vitaux.

Car le questionnement apparent n'est jamais le questionnement réel.

Les enfants sont des spécialistes tous azimuts du questionnement.

- « Maman pourquoi la lune tient-elle dans le ciel ? »
- « Comment je ferai pipi quand je serai au ciel ? »
- « Où c'est que j'étais avant d'être dans ton ventre ? »
- « Comment on fait le pain ? »
- « Pourquoi on doit dormir le soir ? »

Toutes ces questions tentent de dire l'indicible, de mettre en mots par la médiation d'un savoir l'innommable. Par le questionnement anarchique, « tous azimuts », un enfant tente de clarifier les grands mystères de la vie, de la mort, de l'amour, de sa présence au monde.

« MALHEUREUSEMENT LE " JE SUIS LÀ " EXPRIMÉ PAR L'ENFANT RISQUE D'ÊTRE ENTENDU " JE SUIS MALADE " PAR CERTAINS ADULTES, DONT LA RÉPONSE RISQUE DE SE CANTONNER DANS LE REGISTRE DE SA TECHNIQUE. »

J.-CL RISSE.

IV

LES SOMATISATIONS

J'ai beaucoup à dire sur le langage des maux, parce que, je le répète, c'est le langage favori des bébés, des enfants et plus tard des adultes.

Je vais certainement surprendre ceux qui me lisent en affirmant que dans ma position d'écoutant je ne cherche pas à comprendre l'origine ou l'explication de la somatisation. Je vais plutôt en chercher le sens, le message, le gain ou la fonction.

Si un enfant fait une otite, fait pipi au lit ou se griffe, je ne vais pas me poser la fameuse question : « Pourquoi fait-il cela ? » J'invite d'ailleurs les adultes, et surtout les éducateurs, à jeter cette question « pourquoi » à la poubelle. C'est la question la plus piégeante en matière de communication car elle tente de remplacer la compréhension par l'explication. Le système explicatif qui est le plus fréquemment utilisé nous fait « trouver » rapidement un élément déclencheur du trouble ou de la somatisation. Cette « trouvaille » aveugle la recherche du sens.

> ● Tel enfant a le nez qui coule, les yeux qui pleurent et les parents ont l'explication tout de suite : « Hier on est restés une demi-heure dans

ce courant d'air, il a pris froid, etc. » Ils entrent ainsi dans le modèle explicatif. Ils ont trouvé l'élément déclencheur. Et s'ils se satisfont de cela, ils risquent de passer à côté... de la compréhension. Car c'est peut-être avec ce rhume qu'il tente de dire quelque chose que les adultes n'entendront jamais s'ils donnent tout de suite l'explication.

LE PIÈGE DES RELATIONS HUMAINES, C'EST QU'AVEC UNE EXPLICATION, NOUS NOUS EMPÊCHONS D'ACCÉDER AU SENS. LES SOMATISATIONS, QUELS QUE SOIENT LES ÉLÉMENTS DÉCLENCHEURS, SONT DES LANGAGES QUI DISENT PARFOIS L'INDICIBLE.

● « Un enfant se fait mal au genou en tombant de vélo. C'est un lieu très important le " GE/JE-NOUS ". Il est difficile d'être un " JE " et d'être reconnu dans un " NOUS ". Ce peut être le " NOUS " familial, le " NOUS " de la relation fusionnée avec la mère, avec le couple ou le " NOUS " de la relation fantasmatique sur l'enfant imaginaire. Un " NOUS " trop prégnant qui ne laisse pas suffisamment de place à un " JE " entier. »

● « Tu es contente, tu vas avoir un petit frère,
nous allons être heureux ensemble. » J'essaye de
l'intégrer dans mon contentement, mais elle n'est
pas contente du tout. Peut-être que c'est l'horreur
pour elle, et l'angoisse d'avoir sa place prise, etc.

« Cela a été mon cas. De zéro à quatre ans, j'étais
le centre du monde pour ma mère, puis mon frère
est arrivé quand j'ai eu quatre ans et ce fut la
catastrophe. J'ai produit une avalanche de somatisations et de passages à l'acte ! Je lui ai fait ainsi le
coup de l'oreiller. Je mettais l'oreiller sur le
berceau et beaucoup, beaucoup de jouets dessus.
Il avait la vie dure, il a survécu. J'ai poussé le
landau dans le jardin en pente, il y avait le ruisseau
au bout. Je faisais le pari que le landau arriverait
une fois sur deux couché... » [1]

Un des malentendus actuels le plus fréquent, c'est que
nous médicalisons à outrance. Nous entendons les maux
comme des maladies au lieu de les entendre comme des
langages. Toutes les maladies me semblent être des
langages symboliques avec lesquels l'enfant ou l'adulte
tente de dire ce qu'il ne peut mettre en mots, soit parce
que ce n'est pas clair, soit parce que c'est indicible, trop
insupportable, contradictoire ou menaçant.

Les enfants sont des champions en ce domaine, en
particulier les jeunes enfants qui n'ont pas accédé encore
au langage ou qui balbutient. Ils vont tenter de dire les
conflits, les interrogations ou les non-dits avec le corps.
Nous savons combien de maux de ventre, de malaises

---

1. Somatisations et passages à l'acte sur soi (accidents divers) ou sur
l'autre sont trop banalisés et traités comme des incidents et non comme des
langages.

tentent de dire l'essentiel... qui ne sera pas entendu, car on va donner trois gouttes, un laxatif ou une pommade.

Les parents « traitent » les somatisations à partir de leurs inquiétudes, ils n'entendent pas ce qu'elles disent et surtout ce qu'elles révèlent non seulement de la vie intime et secrète de leurs enfants... mais aussi de celle du couple ou de la famille.

En nous interrogeant sur les origines des somatisations, nous pouvons agrandir notre regard et notre écoute et, par là même, approcher au plus près le comportement humain en « écoutant » les somatisations.

Il y a cinq origines « relationnelles » aux somatisations chez l'enfant et l'adulte.

À partir d'un conflit intrapersonnel

Les conflits intrapersonnels sont innombrables. Ils peuvent avoir pour origine un décalage entre une intention et l'action posée.

> • « Je veux être grand mais je refuse de manger tout seul. Il est difficile pour moi de renoncer à cette emprise sur maman, je continue de la forcer à me nourrir... »

Il peut y avoir conflit entre deux désirs ou deux peurs, entre un désir et une peur.

> • Cette ex-petite fille est prise entre le désir de rester « petite fille » et celui de devenir femme. Une « mi-graine » tenace, « incurable », dit-elle, la perturbe depuis des années. En renonçant à l'un des désirs et surtout aux fantasmes qui s'y rattachaient ses maux de tête disparaissent.

Il nous arrive d'être en conflit entre ce que nous ressentons et ce que nous devons montrer ou exprimer.

● « Dis bonjour gentiment à la dame. » Et l'enfant pense : « Non, non, elle n'est pas gentille, elle sent mauvais, etc. »

• La respiration de la grand-mère est haletante, saccadée, difficile, elle angoisse son petit-fils, et depuis quelque temps on le fait justement dormir dans la même chambre. Cette situation peut déclencher chez l'enfant des cauchemars, des problèmes respiratoires, et même de l'asthme. Notamment après la mort de l'aïeule, il y a association entre la difficulté de vivre, d'exister et de respirer.

De nombreuses situations réactivent en nous le décalage entre ce que nous éprouvons et ce que nous sommes censés éprouver.

• « Tu dois être content de la petite sœur qui vient d'arriver. » Eh bien non, il n'est pas content, il veut sa disparition ou sa mort ou même il en veut terriblement à Maman... que pourtant il adore.

Le rôle de l'adulte sera de favoriser une mise en mots pour éviter la mise en maux. J'appelle cela nommer, énoncer et aussi relier. Relier son ressenti à une écoute possible.

F. Dolto rappelait que « nous sommes trop souvent sur la planète " TAIRE ", justement à propos de cette carence trop fréquente à dire, à exprimer les sentiments réels.

• « Dire à cette petite fille que dans mon imaginaire de femme (si je suis sa mère), d'homme (si je suis son père), à vingt-cinq ou trente ans, quand j'attendais un enfant, dans mon imaginaire c'était un garçon, que c'était mon désir à ce moment-là et que nous avons mis plusieurs jours, plusieurs semaines après sa naissance pour nous rencontrer réellement »[1].

Nous pouvons dire aussi le non-désir apparent d'être mère, d'être père. Beaucoup d'enfants vont souffrir de ne pas avoir été désirés sans entendre (parce que personne ne le leur dit) qu'il devait bien y avoir un désir souterrain (inconscient) bien puissant puisqu'ils ont été conçus. Et que ce désir a su traverser tous les obstacles (contraceptions, précautions, manœuvres abortives) pour être mis à jour.

Il faudrait savoir distinguer, dans les méandres du désir, le temps de la conception, celui de la gestation et de la naissance. Cela permettrait souvent de mieux positionner les fantasmes de chacun et de redonner à chaque protagoniste la responsabilité de ses comportements et de ses actes.

> L'IMPORTANT EST DE
> METTRE EN MOTS, ET PLUS
> NOUS METTONS UNE
> PAROLE PLEINE, MOINS
> NOUS AVONS BESOIN DE
> METTRE EN CAUSE NOTRE
> CORPS...

Trop souvent dans la communication au quotidien nous avons tendance à remettre en cause l'autre, « Tu m'as fait passer pour un idiot l'autre jour... », « À cause de toi je me suis senti mal... », « C'est ta faute si je ne suis pas heureux », etc. Je mets en cause l'autre, peut-être parce que je n'ai pas pu dire ce que je ressentais quand il a parlé, fait ou pas fait. Cette reconnaissance plus grande,

---

1. De nombreux enfants imaginaires « encombrent » les relations réelles et font obstacles à la rencontre.

plus rapide de mes sentiments réels, de ce que j'éprouve me permettrait d'être plus en accord avec moi-même et donc moins en conflit interne.

• « Ce que tu as dit devant mes amis m'a blessé, j'aurais souhaité que l'on en parle avant, plutôt que tu dises cela devant eux. »

Le malentendu c'est que l'autre va prendre cela comme une remise en cause de lui-même et n'entend pas que c'est une mise en MOTS nécessaire, indispensable à mon équilibre interne. L'expression des sentiments, des émotions, du ressenti a été longtemps censuré dans notre culture et cela a donné lieu à toutes sortes de conflits, petits et bénins, mais qui, ajoutés les uns aux autres, polluent beaucoup notre organisme.

Les mots sont indispensables pour permettre à l'enfant d'accéder à la symbolisation. Nous sommes des êtres de langages, des êtres de paroles. Nous pourrions éviter beaucoup de somatisations si nous pouvions oser exprimer tout ce qui nous habite : nos sentiments réels, nos perceptions intimes, nos désirs et nos peurs, nos contradictions, nos interrogations et les réponses folles qui s'y rattachent... et surtout, surtout être entendus.

C'est vrai que le tout jeune enfant n'a pas toujours un langage formé, structuré, n'a pas toujours le vocabulaire ou les mots pour se dire, mais nous, les adultes, nous pouvons lui permettre d'accéder à différents langages pour lui donner la possibilité de mieux construire sa relation au monde. Beaucoup d'adultes pensent que cela ne sert à rien de dire, de parler aux bébés « puisqu'ils ne comprennent pas ». « Ça ne sert à rien », ou « c'est trop tôt » sont autant d'alibis pour éviter de se dire. Dire, parler à l'enfant c'est le considérer comme un sujet, une personne à part entière. C'est donc changer notre regard sur lui, c'est modifier notre écoute, c'est respecter sa présence et mieux réguler nos attentes.

• Dans un service hospitalier pour enfants, une puéricultrice s'occupe d'un enfant de quatorze mois dont la mère malade avait dû être hospitalisée en urgence. Il s'appelle Maxime et la nuit se réveille, s'arrache les cheveux, se tape la tête contre le mur. Tout le personnel est en alerte. Maxime est attaché avec des poignets de cuir aux barreaux de son lit.

Un soir la puéricultrice le prend contre elle et lui dit : « Tu sais, Maxime, tu n'es pas responsable de la maladie de ta mère. » Ce fut comme un coup de baguette magique. « J'ai senti son corps, qui était tout en violence, en désarroi, lâcher, se détendre. Bien sûr, il a continué pendant deux nuits, j'étais de service et chaque fois je lui répétais : " Tu n'es pas responsable de la souffrance de ta mère. " Petit à petit Maxime s'est apaisé et n'a plus jamais fait de crise. »

Mettre des mots, mettre en mots ce que nous sentons, ce que nous croyons que l'enfant ressent c'est se relier à lui, c'est le relier au monde.

• « C'est vrai, tu n'es peut-être pas content d'avoir une sœur ou de déménager. »

• « Tu sembles inquiet de la dispute que nous avons eue avec ton père hier soir. Ton otite est ta façon à toi de nous dire : " Arrêtez de crier, de

vous disputer... " Oui, ce n'est pas facile, actuelle-
ment, pour mon mari et moi de cheminer ensemble. Mais cela est notre histoire à nous. »

• « C'est vrai je suis triste de savoir mon père, ton grand-père malade. L'opération qu'il va vivre est grave et j'ai peur. Je ne me sens pas prête s'il mourrait maintenant. Peut-être que tu vas sentir mon angoisse ces jours-ci, mais c'est la mienne et toi mon câlinou tu n'as pas à la prendre sur toi. J'ai remarqué combien tu étais agité cette nuit. »

OSER PARTAGER AINSI UN
PEU DE L'INDICIBLE. CELA
NE VEUT PAS DIRE SE
PLAINDRE, SE DÉCHARGER
SUR L'ENFANT, CELA VEUT
DIRE TÉMOIGNER DE CE QUI
NOUS APPARTIENT.

Apprendre à mettre des mots sur le vécu, sur ce que nous sentons ou croyons. Ça fait partie, et c'est peut-être paradoxal, de l'accompagnement des langages non verbaux, d'apprendre à nommer, à mettre des paroles sur ce qui se passe. Nous nous l'interdisons trop souvent, nous n'osons pas, car ce serait révéler que nous sommes des adultes démunis, dépossédés de la toute-puissance fantasmatique que nous lisons dans les yeux de nos enfants.

• « Mes propres enfants sont très entraînés à tout cela. La dernière me dit au téléphone : " Tu vas être surpris quand tu vas revenir à la maison. " » Et le lendemain en revenant je vois qu'elle a un plâtre. Je ne lui dis pas : " Qu'est-ce que tu as fait ? " Je lui dis : " As-tu une idée de ce que tu as tenté d'exprimer avec cette entorse ?... " Elle me répond en riant : " Alors, avec toi, c'est toujours psychologique ! "
Ce n'est pas psychologique, c'est la vie. Si elle se

tord la cheville, c'est qu'elle a quelque chose à dire, à moi, à sa mère et plus souvent encore à son petit ami ou à sa meilleure amie... qui, justement, a prévu de modifier ses projets de vacances de Noël et ne viendra pas avec elle en camp de neige... Peut-être par fidélité se prive-t-elle de son séjour pour rester avec son amie ! Cela lui appartient et ce n'est pas à nous de décoder, d'interpréter. »

Le sens du message appartient à celui qui le vit. Notre rôle d'accompagnement n'est pas de « psychologiser » ou de dévoiler le sens. Il est d'avoir cette humilité, ce respect d'accepter que le sens de tout acte, de tout comportement est présent et qu'il « parle » à qui sait l'entendre.

Quand un enfant fait pipi au lit, ça ne m'intéresse plus de savoir pourquoi il fait pipi au lit. C'est peut-être en relation avec l'arrivée d'un petit frère ou à cause de tensions familiales, ou que Papa et Maman menacent de se séparer, se déclarent la guerre ou posent des actes que l'enfant va entendre avec des enjeux qui lui seront propres. Ce qui est certain, c'est que lui « veut se dire, veut se positionner ». La somatisation-langage exprime quelque chose de l'ordre de la « relation-souffrance, menacée ou en danger ».

Ne pas oublier qu'au-delà de toutes les péripéties, de tous les avatars qui jalonnent le quotidien, c'est le plus souvent les liens vitaux qui sont fragilisés ou en difficulté.

Quand nous regardons un enfant, il faudrait le voir comme une arborescence de liens dont certains sont malades, blessés, coupés...

L'attitude de base serait d'accepter simplement de dire à l'enfant : « Écoute, Éric ou Pierre, moi je ne sais pas ce que tu dis en faisant pipi au lit, mais, ce que je sais, c'est que tu dis quelque chose de très important puisque tu prends le risque de le dire en utilisant un moyen qui peut se retourner contre toi. Je te trouve formidable parce que c'est tellement fort ce que tu as à dire que tu n'hésites pas à le " crier " ainsi en faisant pipi au lit... »

Bien sûr vous n'avez pas résolu le problème, mais vous avez, par cette écoute et cette parole, fait quelque chose de plus important. Vous avez changé la qualité de la relation avec l'enfant en lui montrant qu'il peut être entendu.

Chaque fois qu'un enfant somatise, malmène son corps vous pouvez lui dire : « Qu'est-ce que tu nous dis avec ton angine, ton otite, ton mal de ventre, ta grippe ? »

Même si les journaux nous disent qu'il y a une vague de grippe espagnole qui déferle sur l'Europe !

> C'EST UNE AUTRE FAÇON D'ENTRER EN RELATION QUE D'ACCEPTER QUE LES SOMATISATIONS SOIENT DES LANGAGES AVEC LESQUELS L'ENFANT VA TENTER DE SE DIRE, DE NE PAS SE DIRE, DE TRADUIRE SON RÉEL À LUI TROP DÉCALÉ OU EN CONFLIT AVEC LE NÔTRE.

Le décalage entre les sentiments fictifs et les sentiments réels

Pour recevoir de l'amour, de la bienveillance ou pour être reconnu, les enfants ont souvent la croyance suivante : qu'ils doivent « produire » les sentiments que l'autre, l'adulte, attendent d'eux, et qui ne sont pas nécessairement ceux qu'ils éprouvent réellement.

● « Je ne suis pas content de l'arrivée d'un petit frère, mais je dois montrer de la satisfaction. » « Je sens très vite l'irritation de Papa quand je bouge trop, alors… je me paralyse, je m'anesthésie. »

Souvent l'enfant va être amené, pour se défendre contre le désir qui pèse sur lui, à développer des sentiments et des comportements fictifs. Pour certains adultes cela se traduit par des comportements de négation ou d'annulation. « Je m'en fous », « cela ne me fait rien », « un point c'est tout ». Alors que nous sentons bien que c'est l'inverse qui est ressenti, « que cela ne fait pas rien », « que ce n'est pas terminé ». L'enfant va parfois se dicter des sentiments et des comportements.

« Je ne peux pas aimer mon père parce qu'il préfère ma sœur. »

« Je n'irai plus dans leur chambre puisque chaque fois ils me disent de sortir. »

Mais le « coût » de cette contradiction est lourd à porter et va se traduire par des « accidents » (il tombe, se blesse) ou des pertes (il égare des jouets, des vêtements, des objets auxquels il tient…).

Produire des sentiments fictifs est une façon de nier une souffrance possible, d'échapper à une peur, d'éviter un conflit. Ce décalage douloureux va l'entraîner à « produire » des somatisations.

Des somatisations comme des maux de ventre, comme des migraines, des douleurs lombaires, traduiront le conflit qui se joue entre ce qui est réellement ressenti et ce qui sera montré. Les enfants « lisent » clairement les attentes implicites de ceux qui les entourent et sont capables de prendre sur eux pour témoigner de… ce qui est attendu d'eux. Pour faire plaisir, pour ne pas menacer la personne proche ou pour éviter l'irruption d'une menace.

Combien d'enfants taisent, par exemple, les agressions sexuelles dont il sont l'objet pour ne pas faire de la peine, pour ne pas choquer les parents, pour ne pas voir, aussi, l'accusation se retourner contre eux.

> ● « Quand grand-père a commencé à m'inviter dans sa chambre et à se masturber devant moi, j'étais très gêné pour lui. Et j'avais très peur que Papa le dispute et le chasse de la maison. Je n'ai jamais rien dit. Mais je crois que mon eczéma a commencé à ce moment-là... »
>
> ● « Quand Maman m'a retiré de chez mes grands-parents, elle a tellement insisté pour que je lui dise que c'était mieux pour moi, qu'elle avait raison, que j'étais grand maintenant. Et j'ai dit tout cela. Bien plus tard j'ai relié mon bégaiement à cette période. »

Les pertes et les séparations

Toute relation porte en elle le risque de la perte, de l'abandon, de la séparation. Mais nous avons tendance à nier la fragilité du sentiment d'amour ou tout au moins la mutation des sentiments.

Nous transmettons (nous les adultes et la culture qui nous entoure) la mythologie de l'amour éternel et surtout immuable. Nous n'apprenons pas à nos enfants que l'amour est un sentiment vivant et que justement parce qu'il est vivant, l'amour va évoluer, que les sentiments vont changer, qu'ils vont muter au cours des années. Ce décalage entre nos croyances en l'amour éternel et le témoignage de la réalité va freiner, s'opposer au réajustement entre l'évolution des sentiments et l'évolution nécessaire de la relation.

> « J'ai été amoureux fou de cette femme il y a vingt ans et, aujourd'hui, mes sentiments se sont modifiés, j'éprouve de l'affection, je n'ai plus la même passion.
>
> Que va-t-il se passer ? Nous allons pouvoir continuer une relation affective et proche ou entrer dans les reproches, dans la destruction de la relation présente et passée... »

Les pertes et les séparations, comme des blessures, vont s'inscrire au plus profond de notre être, vont être à la source de nombreuses somatisations.

Ce sont les blessures du lien qui sont les plus difficiles à vivre. Le corps et l'imaginaire vont en porter l'inscription longtemps, longtemps.

Souvent, à propos d'un événement douloureux comme la mort, la séparation, la rupture, d'une situation pénible à vivre pour nous et pour l'enfant, nous n'avons pas su mettre des mots ou nous avons mis des mots fictifs[1]. Je prétends que nous employons des mots fictifs quand nous disons que « grand-père est au ciel » ou encore : « Papa est parti en voyage. » Je ne veux pas ici porter atteinte ou blesser les croyances personnelles que nous pouvons avoir sur le devenir de la vie après la mort, mais je prétends que nous introduisons une relation fictive

---

1. Combien de constructions idéologiques, d'appels aux grands principes ou encore la banalisation par des lieux communs et des idées en conserve vont masquer ou cacher la vie vivante, le vécu intime.

avec l'enfant en proposant une compréhension à base d'affirmations qui correspondent à notre imaginaire ou à notre système de valeurs, et que cela ne répond pas à sa propre construction du monde.

Il vaudrait mieux dire : « Je ne sais pas où il est, il est mort, mais dans ma croyance à moi, je souhaiterais qu'il soit dans un lieu que j'appelle le paradis ou le ciel. »

Il serait surtout important de parler de la modification du lien. Car il est essentiel de dire à un enfant : « Je suis démuni, je n'ai pas toutes les réponses que tu attends. » En témoignant de cela, nous témoignons de notre part d'interrogation, nous ne nous présentons pas comme tout-puissant, immuable, nous nous présentons en mouvement.

NE PAS ENFERMER LA VIE DANS DES RÉPONSES

La mort, c'est quelque chose qui va rester une interrogation ouverte, de mystérieux pour chacun de nous. Mettre des mots sur les pertes et les séparations : quand Maman et Papa se séparent, quand la mort fait irruption, introduit une rupture, un manque, inscrit une absence et un bouleversement des cadres et des repérages habituels. Si un enfant perd brutalement quelqu'un de très cher et qu'il n'aura pas pu médiatiser, intérioriser la situation, il restera en lui un manque, un coin d'ombre. « S'il n'a pas pu dire adieu à grand-père, à tel parent, à tel animal important pour lui », la situation risque de devenir une blessure ouverte. D'où l'importance des rituels de deuil, des symbolisations du passage, du départ, de l'adieu.

« Oui, tu as du chagrin pour la mort du lapin, du chat ou du poisson rouge. Et surtout tu n'as pas eu le temps de lui dire adieu, de lui dire tout ce que tu éprouvais pour lui. Tout l'amour, toute la confiance, tout le plaisir que tu avais à le retrouver en rentrant de l'école... »

UNE MISE EN MOTS POUR
RECONNAÎTRE NON PAS
L'ÉVÉNEMENT (LA MORT)
MAIS L'IMPORTANCE DU
LIEN. C'EST CE LIEN BLESSÉ
QU'IL FAUDRA SOIGNER,
PANSER, C'EST DE LUI DONT
IL FAUDRA S'OCCUPER.

Les enfants le font, d'ailleurs, plus ou moins spontanément. Si leur poisson rouge est mort, ils transforment une boîte d'allumettes en cercueil avec une petite croix. Ils ont besoin de se relier à cette part d'inconnu et de mystère.

Qu'est-ce que cela veut dire de ne plus voir cette personne aimée à laquelle l'enfant était attaché ? Cela veut dire que le lien d'amour ou la reconnaissance est brisé, d'où la nécessité de mettre des mots qui témoignent de la relation vécue. Quand ces mots ou ces paroles n'ont pas pu être parlés, ils risquent de s'inscrire dans le corps par des symptômes-rappels.

Telle allergie se déclenchera chaque année au mois de janvier et « rappellera » le déménagement oublié, à l'âge de huit ans, et la perte de son meilleur copain.

Tel psoriasis dira la violence cachée, la colère non dite à la mort d'un père, d'une mère « partie » trop tôt. Si l'enfant avait pu dire : « Je t'en veux, tu n'avais pas le droit de mourir si tôt, si vite, moi j'avais encore besoin de toi... », peut-être, n'aurait-il pas besoin, plus tard, de le crier avec une infection (affection blessée).

> Cet homme a découvert récemment le sens de ses retards.
> « Depuis " toujours ", disait-il, j'arrive en retard, même à mon propre mariage. »
> Aujourd'hui il peut entendre ce retard comme le rappel de sa culpabilité développée à huit ans, le jour de la mort de son grand-père.
> « Ce jour-là je devais aller au catéchisme et puis j'avais manqué préférant aller voir les animaux d'un cirque de passage. Cela m'avait retardé et quand je suis arrivé à la maison, maman m'a dit que grand-père était mort pendant que " j'étais au catéchisme ". »

Les situations inachevées

Beaucoup de situations relationnelles ne se déroulent pas comme nous le souhaiterions. Beaucoup d'événements sont vécus comme inachevés, incomplets. Tout se passe comme si, dans notre corps, naissait avec chacune de ces situations inachevées une sorte de trou, de blessure ouverte. Autour de ces situations inachevées, nous allons produire une protection énergétique pour éviter que cette blessure s'infecte, pour éviter que cette blessure vive, s'agrandisse et gagne l'ensemble de l'organisme (voir dessin ci-contre).

Il s'agit là, bien sûr, d'une visualisation symbolique. Mais tout semble se passer ainsi. Ces blessures internes et cachées restent ouvertes comme de véritables plaies ou

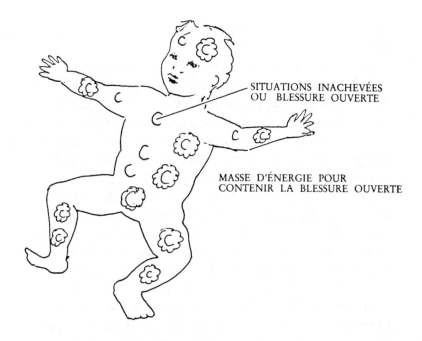

SITUATIONS INACHEVÉES
OU BLESSURE OUVERTE

MASSE D'ÉNERGIE POUR
CONTENIR LA BLESSURE OUVERTE

points sensibles. À certains moments de notre existence...
nous devenons tellement « troués » que nous en sommes
inconsistants.

Quand l'essentiel de nos énergies est bloqué autour de
ces blessures, elles ne circulent plus. Nous devenons
vulnérables aux agressions, hypersensibles et démunis à
tout l'imprévisible de la vie.

Si la femme que j'aime me quitte pour un autre ou
qu'elle ne m'aime plus, je garde de cette cassure, dans mes
certitudes ou ma sécurité, une blessure violente et le
retour d'un sentiment ancien jamais totalement oublié
d'incomplétude, de manque, d'inachèvement. Tout se
passe comme si je devais mettre autour une masse
d'énergie pour me protéger. Et cela d'autant plus que
cette blessure actuelle réactive une ou plusieurs blessures

plus anciennes qui restaient en souffrance dans mon histoire.

Un corps en bonne santé est un corps où l'énergie circule librement. Si j'ai trop d'énergie bloquée autour des situations inachevées, je deviens vulnérable, fragile. Je suis parfois aussi paralysé, anesthésié ou insensible que si j'avais un trouble fonctionnel parfaitement localisé. Il y a des gens qui se promènent avec tout un côté paralysé ou qui sont ankylosés relationnellement.

En matière de relation, l'un des enjeux importants de la communication proche est de permettre à ces situations inachevées de s'achever. L'enfant qui n'a souvent pas les mots pour dire, va développer des somatisations qui seront entendues comme des maladies et traitées comme telles. C'est cela qui est dramatique. Si les somatisations sont des langages, elles disent quelque chose (par 40° de fièvre ou un mal de ventre ou une crise aiguë d'appendicite). Celui qui « parle » ainsi avec son corps tente de dire, de crier quelque chose d'essentiel, d'important.

Qu'est-ce que va faire l'entourage et lui-même : le soigner/se soigner ! En termes relationnels c'est comme si on bâillonnait l'enfant puisque la somatisation est un langage. Malgré les énormes progrès de la médecine et les compétences du personnel soignant, il y a le risque de passer à côté de quelque chose d'essentiel. Si nous n'entendons pas les somatisations comme des langages symboliques, nous nous maintenons dans le silence, dans le non-dit.

● « Maman pleurait des week-ends entiers, et je me suis toujours sentie responsable de ses chagrins. Elle n'en parlait jamais, mais moi j'avais commis une faute, celle de ne pas être le garçon tant attendu. J'allais de temps en temps vérifier dans l'armoire la parure bleue toute neuve qui avait été achetée pour lui. Je voulais tellement réparer qu'un jour, à six ans, je me suis peinte en bleu. Je croyais que cela ferait disparaître magiquement la douleur de ma mère. J'ai reçu une fessée et les pleurs de Maman ont continué... »

• On va enlever le kyste ou la tumeur de cette femme de quarante-deux ans. Mais, avec ce kyste, qui entendra ce qu'elle tente de dire : l'enfant qu'elle a perdu trop tôt ou sa première grossesse interrompue à trois mois et dont elle n'a pu reparler avec son partenaire, et qui reste, pour elle, une blessure si forte qu'elle en garde la mémoire dans son ventre. Cette mémoire silencieuse se réactualise des années après sous forme de kyste, de tumeur ou de fibrome. Bien sûr qu'il faudra, peut-être, opérer et enlever pour ne pas laisser se développer des dysfonctionnements, etc., mais il faudra aussi entendre le sens.

• Cet homme de cinquante ans racontait qu'il vivait, enfant, dans une ferme et qu'entre trois et six ans le meilleur ami qu'il ait jamais eu était un cochon. Quand il rentrait de l'école, le premier geste qu'il faisait, était d' « aller voir son cochon ». C'était son confident.
Un jour, son cochon a été tué, comme cela se faisait dans les fermes. L'enfant est devenu mutique pendant deux ans. Il n'avait pu dire à personne ce qu'il avait éprouvé en voyant cette scène insupportable pour lui.
Quand cet homme racontait cette histoire, lors

d'un stage, il sanglotait, redevenait le petit garçon désespéré qui n'avait pu dire l'injustice, la violence et le désarroi ressentis quand il avait vu son ami mort. Et soudain sa rage a éclaté, les mots trop longtemps enfouis ont explosé.

« Vous saviez pourtant qu'il m'aimait lui, plus que vous, plus que personne ne m'a jamais aimé... »

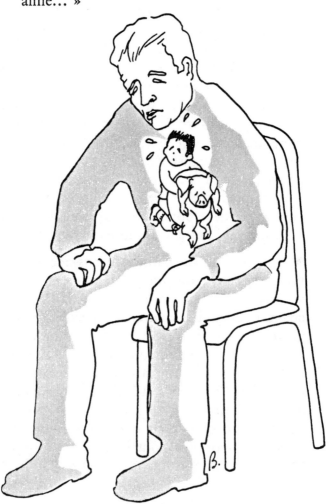

Ce sont aussi les vieux jouets, les poupées données ou jetées. Par exemple la petite fille qui voit sa vieille poupée tout abîmée (mais aimée) jetée à la poubelle ou donnée à plus pauvre qu'elle... croit-on !

C'est vécu comme un crime par l'enfant et c'est une situation inachevée qui va s'inscrire dans son corps, telle une blessure jamais cicatrisée.

Il y a aussi les séismes que sont les déménagements, l'arrivée d'un frère, d'une sœur... et la perte de la « totalité » de Maman ou Papa.

> ● « Avant l'arrivée de ma sœur j'avais Papa et Maman tout à moi, sans partage, c'était comme le paradis. »

L'enfant va, peut-être, se ronger les ongles, faire pipi au lit ou utiliser tout autre langage avec lequel il va « dire » ce qu'il n'a pas pu dire : sa colère contre Maman, contre ces adultes qui n'entendent rien au monde de l'enfance, qui piétinent sentiments, relations et objets essentiels.

La naissance : situation inachevée primordiale

Beaucoup de situations inachevées tournent autour de la naissance. En effet, s'inscrit dans notre corps à ce moment-là tous les impacts de l'entourage.

> ● « Je n'ai jamais osé dire à mon enfant qu'il était né trop vite. Il était sorti comme une lettre à la poste, dans le taxi qui m'emmenait à la maternité, je n'avais rien senti. »
>
> Pendant des années il a été encoprésique, et souvent il me disait : " Maman ça sort tout seul, je ne sens rien. "

Un jour j'ai associé cette phrase à sa naissance. Je lui ai parlé du taxi, de ma frustration de n'avoir rien senti. Il m'a dit comme si cela était évident pour lui : " Quand ça sort tout seul on peut pas retenir. "

Et depuis ce jour-là son encoprésie a cessé. C'est incroyable les liens cachés qu'il peut y avoir. »

• Une autre mère nous dira également les difficultés de son fils. « Il est constipé depuis que j'ai arrêté l'allaitement au sein. Nous avons tout fait, vu plusieurs pédiatres. Dans un stage de formation j'ai pu parler de ce qui s'est passé à la naissance de Paul. Les contractions se passaient bien, puis à un moment donné j'ai eu peur de lâcher mes selles. Tout s'est bloqué, le médecin a dû utiliser les spatules pour aller le chercher. Je m'en suis beaucoup voulue. Après ce stage, j'ai parlé à Paul de ce qui s'était passé. Il m'a dit : " Tu as eu peur de faire caca avec moi dedans. " Je me suis mise à pleurer, c'était exactement cela. Et depuis il n'est plus constipé et moi non plus. »

Il y a beaucoup de liens qui peuvent se faire entre le vécu de l'accouchement chez la mère et l'inscription d'un symptôme dans le corps de l'enfant.

Parler de la naissance, mettre des mots sur le vécu et le ressenti sera libératoire, restituera à l'enfant sa propre parole sur cet événement fondamental.

Nous inscrivons donc très tôt, dans notre corps, des situations inachevées et un des enjeux relationnels pour des relations vivantes sera, plus tard, d'essayer d'achever ces situations. De façon que toute l'énergie restée bloquée autour se réintègre dans le circuit énergétique global de l'individu. Les énergies bloquées nous empêchent d'être heureux, d'avoir du plaisir à vivre, elles nous paralysent et nous rendent trop dépendants des changements imprévisibles, même bénins, qui sont vécus comme des catastrophes. Freud l'avait déjà pressenti, disant qu'un homme névrosé était comme un pays en état de guerre qui a mis tous les hommes valides sur la frontière en état d'attaque-défense.

Si tous les hommes valides de ce pays sont en attente d'une attaque éventuelle, le pays n'est plus fécondé, n'est plus labouré, il se dévitalise, il se bloque sur ses peurs, il s'enferme sur ses rigidités.

Les situations inachevées s'inscrivent en nous de façon subtile à partir d'un événement-incident, d'un élément-déclencheur qui va constituer le point de départ d'une blessure cachée.

● « Je suis originaire de Toulouse et à côté de chez nous il y avait près de la Garonne, qui est un fleuve magnifique chanté par Arthur Rimbaud, un terrain vague.
Aussi loin que je remonte dans mon enfance, quand je rentrais de l'école je faisais un petit détour car c'était un lieu de fascination que ma mère interdisait. Elle me disait qu'il y avait des gitans, que c'était dangereux, que ces hommes enlevaient les enfants, etc.
À sept ans, un jour d'ennui, je me suis amusé avec la barque d'un pêcheur et je suis tombé à l'eau. La barque à fond plat m'a bloqué la tête sous l'eau. J'ai perdu connaissance, je me suis noyé. Heureusement un pêcheur m'avait vu et il a pu me ranimer. Il voulait me ramener chez moi, mais j'ai

refusé car j'avais déjà inventé un mensonge pour ne pas me faire punir.

Avec ces quelques éléments, je mets en évidence comment la situation inachevée s'est créée, mais le sens de cet événément je ne l'ai compris que trente ans plus tard.

Quand je suis enfin arrivé avec beaucoup de retard chez nous, tout le monde était déjà à table. Mon beau-père me dit : " D'où viens-tu ? "

Je ne pouvais cacher que j'étais mouillé et j'ai donné l'explication suivante : " Il y avait huit gitans, ils m'ont poussé à l'eau, etc. " Je grossissais le danger de l'histoire pour diminuer ma responsabilité.

Il m'a répondu avec sa grosse voix, menaçante pour moi : " Tu sais que tu ne devais pas aller là-bas, va au lit sans manger. "

Je pensais m'en être tiré à bon compte, parce qu'en plus cet homme me faisait très peur. Il ne m'a jamais frappé de sa vie, mais c'était un ancien marin avec une voix de stentor. Quand il réclamait le sel c'était comme s'il criait à l'abordage ! De cette aventure, je n'ai plus jamais reparlé. Mais, à trente-sept ans, en vacances chez mes parents avec mes enfants, l'histoire est revenue.

Ma mère s'en souvenait comme de la veille, reprenant le même discours éducatif sur les gitans... Je lui ai dit ce qui s'était passé réellement et là, elle a eu le geste que j'avais attendu d'elle à sept ans sans le savoir exactement. Elle m'a pris dans ses bras en disant : " Mon pauvre petit, tu as dû avoir si peur. " Toute l'eau avalée trente ans avant est remontée d'un seul coup à la surface et j'ai pleuré, pleuré comme aurait pu le faire le petit garçon de sept ans échappé de la mort. J'avais trente-sept ans et j'ai sangloté comme jamais, me sentant accepté inconditionnellement, avec mes peurs, avec mon désarroi, avec toute la souffrance cachée de cette situation. »

Comme le souhaitent secrètement tous les enfants, être entendu sans avoir besoin de demander. Nous retrouvons plus tard cette attente implicite chez beaucoup de personnes dans la relation amoureuse. « Si tu m'aimes vraiment, tu devrais entendre mes demandes sans que je les exprime. » Cela donne lieu à nombre de frustrations et de malentendus. « Car en plus, je t'en veux... de ne jamais entendre les demandes que je ne fais pas. »

« Ce jour-là, pour moi, cette situation ancienne que je croyais innocente, terminée et surtout oubliée s'est achevée. Toute l'énergie bloquée autour de cette souffrance cachée s'est débloquée d'un seul coup. J'ai grandi de " dix centimètres " et je suis devenu, certainement, plus moi-même. »

C'est cela la force et l'enjeu implicite de toute relation significative, liquider, achever ces vieilles situations enfoncées en nous comme des épines, comme des cancers. Nous en portons tous et nous les inscrivons parfois dans un symptôme. « Jusqu'à l'âge de trente-sept ans, je l'ai découvert bien après, à la même époque où je suis tombé à l'eau, au mois d'avril, je faisais toujours des sinusites, des infections. Depuis l'âge de trente-sept ans je n'en fais plus. La somatisation devait avoir inscrit dans

mon corps cette peur, ce désarroi ou le fait de n'avoir pas
été accueilli et reconnu dans ce que je venais de vivre par
ceux-là même qui devaient être le plus proche de moi :
mes parents. »

Combien de situations inachevées chez l'enfant vont se
traduire plus tard par des petits symptômes : allergies,
éruptions, infections, comportements répétitifs, rituels
ou passages à l'acte.

Si vous recherchez dans votre mémoire, vous trouverez
mille signes qui vont prendre sens à la lumière de cet
éclairage.

> ● Vous avez perdu votre grand-mère à cinq ans
> et, par la suite, par exemple à chaque mois de mai,
> vous produisez des signes, des somatisations qui
> vont dire... tout ce qui n'avait pu être dit à
> l'époque — à quel point vous l'aimiez — ce
> qu'elle représentait pour vous et surtout, surtout
> la relation blessée par sa disparition.

Pour retrouver une parole propre, libre des scories du
passé il sera vital de s'autoriser à une mise en mots, de
nommer, pas d'expliquer, de pouvoir dire le vécu, le
ressenti profond.

> ● J'ai reçu le témoignage d'une femme qui avait
> compris, à travers ce que j'avais dit lors d'une
> conférence, la cause des angines à répétition de sa
> petite fille. Cette femme avait perdu sa mère et
> cela s'était passé de façon brutale sans qu'il y ait la
> médiatisation d'un au revoir. De plus, comme sa
> petite fille n'était pas bien, on lui a interdit d'aller
> à l'enterrement de sa grand-mère. Et l'enfant,
> depuis, « produisait des angines » aux mêmes
> époques. Quand la mère a compris le lien possible

entre les angines de sa fille et son silence à elle sur sa propre souffrance d'avoir perdu sa mère, elle a pu dire à sa fille ce qu'avait représenté pour elle la disparition de sa propre mère. Et ce jour-là, sa fille lui a répondu : « On l'aimait beaucoup grand-mère toi et moi, *on* a eu du chagrin, hein Maman ! »
En mettant des mots, en exprimant enfin son propre chagrin, autorisé par celui de sa mère, elle n'a plus besoin de faire des angines.

Le corps, chez l'enfant comme chez l'adulte est un émetteur de messages très puissant. Nous disons beaucoup de choses par sa médiation, les enfants sont des champions toutes catégories de ces langages-là. Malheureusement les adultes rationalistes, cartésiens que nous sommes trop souvent, passons à côté. Nous ne savons pas entendre, nous n'avons pas toujours cette liberté de pouvoir mettre des mots sur les émotions, sur les sentiments réels ou sur notre vécu intime.

Chacun d'entre vous trouvera dans sa propre histoire ou celle de ses enfants des symptômes, je vous invite à les écouter et à oser les mettre en mots.

QUAND IL Y A LE SILENCE
DES MOTS SE RÉVEILLE LA
VIOLENCE DES MAUX.

Il y a aussi les situations inachevées par absence de mots de la part d'une personne significative. Les mots du père, la parole de l'homme manque trop souvent aux enfants pour se construire dans la triangulation et ne pas rester dans la dualité.

● Cette ex-petite fille de trente-huit ans se sou-vient comment elle avait été séparée de son père après la mort de la mère.

« J'avais quatre ans. Mon père était paysan et sa sœur lui avait proposé de " prendre " un de ses quatre enfants chez elle pour le soulager.

Je me rappelle de cette fin d'après-midi où il a dit : " La grande je la garde pour m'aider, le garçon, il n'est pas question qu'il parte et la dernière restera avec la grande. " Moi je n'avais pas été nommée. Le lendemain ma tante m'emme-nait dans le Midi. C'était moi qui avais dû partir sans que cela soit dit clairement. Tous les soirs pendant deux années à partir de dix-huit heures j'entendais la moto du facteur, une " Terrot " et je croyais que c'était mon père qui venait me chercher, il avait la même moto.

Pendant toute ma vie d'adulte, jusqu'à ma théra-pie, j'ai toujours attendu quelqu'un en fin d'après-midi, sans le savoir clairement. Je tournais en rond dans mon appartement, avec une crise d'angoisse incoercible. J'étais comme folle, agres-sant tout le monde et, si j'étais seule, téléphonant sans raison à droite ou à gauche...

Il manquait une parole qui dise clairement : " Tu vas aller vivre chez ta tante et je te reprendrai dans deux ans. Tu restes ma fille même si je suis séparé de toi pour l'instant. " Une parole qui structure, qui me donne une place, qui reconnaisse mon existence. »

Cette femme dira combien elle avait aspiré à la reconnaissance de tous les hommes qu'elle avait rencon-trés dans sa vie... en vain.

Pour le deuil d'une maison, celle de son grand-père, une femme de cinquante-deux ans va passer deux jours seule, à retrouver, pour leur dire adieu les objets du souvenir.

« Ô ma jeunesse, je ne veux pas te quitter sans que tu m'aies bénie, mais alors je te quitterai...

Ainsi me voilà à ..., dans la maison grand-paternelle qui va être vendue. Me voilà seule ici pour prendre congé d'une petite fille, la petite Lisa. Oui, c'est cela, je viens dire adieu à l'enfance. Je le sais depuis hier.

Au départ la Savoie était dans la grisaille... À Lyon la brume montait du sol. Arrivée à Saint-Étienne, le brouillard s'épaississait... mais j'arrivais dans le Haut-Forez sous le soleil... et puis soleil et pluie... chaleur et humidité en alternance. Temps à l'image des sentiments avec lesquels je suis entrée dans le silence-de-la-maison-silencieuse. Je n'ai rien ouvert sur la rue, juste les volets qui donnent sur l'intérieur... et pour cause... n'est-ce pas une rencontre bien intime, tout simplement avec moi-même, que le sens de ce voyage ?

J'ai fait le tour de la maison : chaque coin, chaque pièce, chaque meuble m'a fait un clin d'œil complice. Dans les dépendances, au fond de la cour surtout, j'ai rencontré une petite fille qui rêvait, qui boudait, qui bâtissait un futur chimérique... je l'ai vu aussi — chut, il ne faut pas le dire — pleurer seule assise sur une marche d'escalier et derrière un gros tas de bois... J'ai reconnu tous les recoins si familiers, si aimés, si prêts à m'accueillir

et me protéger quoi qu'il arrive... Que c'est bon
encore aujourd'hui, ce calme, cette odeur, cette
lumière.

Et puis je me suis assise sur toutes les chaises. Sur
chacune j'ai retrouvé des souvenirs, j'ai " fait
salon " dans chaque fauteuil, devant le piano de
tante Marthe je me suis recueillie, mes doigts ont
parcouru le clavier, silencieusement, respectueu-
sement. Je parlais doucement mais je n'avais envie
d'aucun autre bruit, que les bruits naturels de la
maison. J'ai fait le tour des chambres. Je suis allée
dans la chambre de mes grands-parents qui fut la
mienne... en son temps !... J'ai caressé longtemps,
longtemps, du meilleur de ma tendresse, cette
armoire, qui me sépare aujourd'hui de mon frère
qui la veut pour lui. Je l'ai sentie, je l'ai prise dans
mes bras, je l'ai goûtée, je l'ai écoutée craquer ! Je
lui ai confié mes peurs, mes faiblesses, mes
incohérences... mais tout à coup cela sonnait faux,
c'était dépassé, ça n'était plus. Un coup d'œil dans
le biseau de la glace et... hop... coupé. Un éclat de
rire a fusé, suivi de milliers d'autres, grimaces,
mimes, confidences à cette Lisa du miroir. Parole
de Lisa à la petite fille d'antan, parole de Lisa à la
grande fille d'aujourd'hui, rencontre de la grande
fille d'autrefois avec la petite fille de maintenant,
je ne sais plus mais paroles de cette Lisa à toute sa
lignée, à mon grand-père, à ma grand-mère, à
mon père, à ma tante Marthe, à mon frère Pierre,
à mon frère Georges. Oui je vous ai dit à chacun,
différemment, mes aspirations, mes rêves, mes
désirs, mes peurs d'autrefois et de maintenant et
puis je vous ai dit aussi mon attachement, mon

amour. Enfin je vous ai dit au revoir, aux morts et aux vivants aussi, mes frères.

Oui je vous dis adieu à tous. Vous êtes toujours avec moi mais tels que vous êtes... et cela ne m'encombre pas. Je ne veux plus vous transformer, vous voir autrement. Je vous respecte tels que vous avez été, tels que vous êtes...

Moi je suis telle que je me découvre, que je deviens et c'est ainsi que je demande que vous m'aimiez.

Maison de mon père, avec tout ce que tu contiens de meubles, d'objets, de souvenirs, tu peux être vendue. D'autres peuvent venir t'habiter. Tu m'as donné du bon, du chaud encore aujourd'hui. Il le fallait, mais la petite fille n'a plus besoin de ta protection (la voilà encore chimérique... voyons reste prudente et réaliste Lisa et dis " à moins besoin " et non " n'a plus besoin ")... non la petite fille Lisa " n'a plus besoin de ta protection ".

Au revoir maison de mon enfance.

Au revoir ma jeunesse... qui reste présente en moi d'une autre manière, plus vivante, c'est-à-dire par " ce que je suis ".

Je vais rentrer chez moi où est ma vie aujourd'hui avec Jean, mon mari. Je vais passer à Grenoble voir et entendre un ami. Ces deux hommes ne sont pas mes pères mais mes pairs. Je les aime chacun ainsi et cela me rend heureuse et vivante.

J'emporte avec moi, de cette maison, un gros bouquet de fleurs rouges. Ce sont des groseillers sauvages. »

Lisa.

« MON ÂGE, IL CHANGE
TOUT LE TEMPS ET JE
L'OUBLIE. PAR CONTRE, JE
PEUX VOUS DIRE MA DATE
DE NAISSANCE, ELLE NE
BOUGE PAS. »

Les messages relationnels

Nous entendons par messages relationnels, au-delà des mots et du contenu, le signifiant qui va s'inscrire en nous après un échange. C'est-à-dire le sens qui va rester, soit que nous ayons entendu l'intentionnalité de l'autre, soit que nous privilégions tel sens parmi tous les sens possibles.

Quand une mère dit à son enfant : « Bon, il est temps d'aller au lit », celui-ci peut entendre : « Je n'ai pas envie ce soir d'entrer en conflit avec toi », et ainsi... ne pas aller au lit, sachant que sa mère laissera faire.

Mais les messages les plus marquants sont ceux que nous recevons très tôt dans l'enfance et qui sont parfois énoncés de façon banale. Les phrases à répétition utilisées par certains parents :

« Oh ! celui-là, on ne sait pas de qui il tient ! »
« On se demande qui voudra l'épouser plus tard ! »
« Qui sera assez bête pour vivre avec lui ! »

Nous recevons tous des messages explicites ou implicites de nos parents, aussi diversifiés que leurs croyances, leurs désirs ou leurs peurs. « Tu ne dois pas faire de bruit, Papa est fatigué. » L'enfant comprend qu'il ne doit pas respirer, pas trop exister.

Ou, par exemple : « Il ne faut pas me faire de la peine,

je n'ai pas eu de Maman, toi, tu as la chance d'en avoir une. » Cette petite fille n'osera plus montrer de chagrin ou de peine. Elle deviendra une petite fille très sage, elle ne posera pas de problèmes. Mais où va-t-elle mettre ses sentiments réels, sa propre vitalité ?

Il y a deux sortes de messages relationnels :

> A : Ceux que nous recevons de notre entourage et que nous acceptons, subissons ou refusons.
> B : Ceux que nous nous donnons.

A : Les messages relationnels que nous recevons sont de différents types

a) Les messages de confirmation

Les messages de confirmation sont des stimulants incroyablement puissants. Ils s'inscrivent comme un élément de prédestination et donnent confiance dans la vie et dans ses ressources. L'exemple que Romain Gary décrit dans son merveilleux livre *La Promesse de l'aube* [1] illustre le pouvoir de la confirmation. Confirmation aussi que notre relation est bonne pour l'autre.

> « J'en ai reçu beaucoup de ma mère et cela m'a beaucoup aidé dans la vie. Je crois qu'elle était très heureuse d'avoir eu un garçon même si elle ne désirait pas d'enfant à ce moment-là. Elle avait dix-sept ans quand elle m'a conçu et c'était une sorte de catastrophe pour elle. C'est ce qu'elle a pu me dire plus tard. Elle avait quarante-cinq ans et j'ai vu alors, devant moi, une jeune fille en désarroi de ne plus avoir de règles, d'être enceinte

1. Éditions Gallimard.

avec le sentiment terrifiant de se sentir impuissante dans cette situation.
J'ai découvert que cette jeune fille de dix-sept ans
se croyait incapable d'être mère. Que cela n'avait
rien à voir avec un non-désir d'enfant (comme je
l'ai cru trop longtemps)... »

Voyez-vous, les enfants qui se font souffrir en croyant
qu'ils ne sont pas désirés, c'est qu'ils s'approprient le
désir secret des parents. S'il y a eu conception, il y a eu
forcément désir. Quand un enfant reste dans le ventre,
c'est qu'il a, lui, le désir de vivre, ce qui est formidable. Il
n'a pas besoin de se faire souffrir avec l'idée que sa mère
ne le voulait pas. Je surprends beaucoup d'ex-enfants qui
se croyaient non désirés en disant cela. Les professionnels
de la petite enfance ont ce pouvoir fabuleux de confirmer
(reconnaître et valoriser) tel ou tel aspect de la vie d'un
enfant en recadrant la situation. Un des moyens est
d'actualiser la situation ancienne en la visualisant au
présent. « Que voyons-nous ? Une très jeune fille de dix-
sept ans enceinte... » ou encore « une femme de quarante-neuf ans qui se trouve honteuse de l'être alors
qu'elle a déjà trois enfants, qui va s'inventer un fibrome
pour cacher les premiers mois de la grossesse... ».

b) Les messages de négation

Ceux que j'ai entendus et reçus comme me disqualifiant ou me niant.

- « Ma mère m'a dit qu'en me prenant dans ses
bras pour la première fois, elle avait pensé :
" J'aurai un deuxième enfant parce que je ne
supporterai pas de te perdre. " Ainsi j'étais déjà

remplacé au moment même où elle me rencontrait. Par la suite j'ai bien senti combien le deuxième, mon frère, a pris toute la place... »

● Telle petite fille a senti très tôt que sa place était limitée, tolérée.

« Mon père voulait un garçon, il a fait cinq enfants à ma mère pour réaliser son désir. Nous, les quatre filles, on n'existait pas pour lui, il ne nous adressait pas la parole, ne tenait aucun compte de nos demandes. Quand il parlait du domaine, c'était pour son fils, il nous a fait signer un papier pour renoncer à toute prétention sur la maison.

C'est mon chien qui m'a sauvé la vie en m'écoutant pendant les quinze premières années de ma vie. »

Les messages de négation donnent à l'enfant le sentiment qu'il n'est pas reconnu, qu'il n'a pas droit à une existence « officielle ». Diverses somatisations (prise de poids, maladies de peau, angoisses compulsives...) vont témoigner d'une revendication sourde et violente même si elle est silencieuse, pour exister à part entière.

c) *Messages d'interdiction*

Ils se présentent souvent comme annonciateurs d'un manque. Et l'enfant passera une partie de sa vie à tenter de combler ce manque.

● Une mère dira : « Un homme ça ne se séduit pas. » Ce qui peut s'entendre par : « Il faut être séduite par eux. » Ou « attendre qu'ils nous désirent ».

Cette ex-petite fille ajoutera : « C'est comme ça que je suis devenue séductrice. Je ne pouvais supporter l'idée que personne ne vienne. J'ai ainsi douté de l'amour que je recevais. Ce n'était pas l'autre qui m'avait aimé, c'est moi qui l'avais séduit. »

● « Ma mère disait sans arrêt : " Qui va à la chasse perd sa place. " Et moi je croyais que cela voulait dire : si on s'éloigne on perd l'amour. Alors je m'incrustais, je voulais tout faire avec l'autre : manger, dormir, travailler, m'amuser avec lui. Je lui ai fait la vie si intenable qu'il est parti. C'est ma fille Céline qui m'a fait prendre conscience de cela. " Ce n'est pas parce que je ne suis pas là, près de toi, que je ne pense pas à toi. Je peux t'aimer en dehors de ta présence... " Entendre cela à quarante-trois ans... quelle découverte ! »

d) Il y a aussi les messages de déception, les messages de menace

« Tu n'es qu'une fille, tu n'as pas besoin d'aller loin dans tes études, le mariage suffit... »

« Méfie-toi des hommes, ils ne pensent qu'à ça... »

« Moi je n'ai que des pisseuses. » Ou encore :

« Si je ne vous avais pas eus, j'aurais pu quitter votre père / votre mère ! »

« Je voulais un enfant qui me ressemble (ou ne me ressemble pas) et c'est tout le portrait de son père (ou le mien). »

« Attention, quand on se laisse embrasser sur la

bouche par les garçons ça réveille le " téléphone du bas " » (disait une mère à sa fille).

• « Ma mère avait l'habitude de jeter à la cantonade : " Quand on se marie il faut avoir le porte-monnaie ouvert. " J'ai cru longtemps qu'il s'agissait d'argent, que je devais être généreuse. Puis j'ai compris plus tard qu'elle parlait de sexe, et cela m'a révoltée, alors j'ai dû fermer " mon porte-monnaie " pendant des années. »

• « Toute petite j'ai entendu : " Qu'est-ce que c'est vilain d'être aussi jolie. " Et j'ai compris : " Tu ne dois pas intéresser un homme. " »

• « J'ai entendu ma mère dire fréquemment à ses amis en parlant de ma naissance : " Il m'a tout déchiré " et j'avais beaucoup de honte à me sentir responsable de cette déchirure que je n'osais imaginer. Plus tard, vers seize ans, j'ai menacé des dames dans la rue avec un couteau pour qu'elles me remettent leur sac à main. J'aimais fouiller dans leur intimité mais en vérité j'aurais voulu voir leur déchirure. J'ai tout arrêté quand ma mère m'a confié " qu'elle avait abîmé sa propre mère en naissant ". Je ne sais pourquoi cela m'a soulagé. »

• On a dit très tôt, vers six ans, à cette petite fille qu'elle était « susceptible ». Et ce mot aigu, inconnu est resté longtemps gravé dans sa tête. Elle en a compris qu'elle n'avait pas d'imagination, qu'elle ne serait jamais une artiste. À travers ce mot elle s'est sentie dévalorisée et plus tard elle épousera sans amour, sans attirance réelle, un homme qui était vu comme un artiste.

Tous ces messages vont constituer des interdits et des censures qui déclencheront des conflits, des contradictions internes quand le mouvement du désir ou du besoin pousse vers quelqu'un.

La somatisation dira le conflit et l'impossibilité d'y échapper. Il n'y a pas d'obstacle apparent à la rencontre et cependant ça ne se passe pas bien. Des conduites d'échec vont surgir qui diront la fidélité au message reçu.

> • L'eczéma important de cet homme a commencé quand il a eu des relations sexuelles cachées avec une femme plus âgée que lui de vingt-trois ans (exactement la différence d'âge entre lui et sa mère). Eczéma de transgression, pourrait-on dire !
>
> Il faut rappeler que la peau est ce qui sépare le dedans du dehors. C'est une sorte d'écran sur lequel vont se projeter les conflits cachés. Une enseigne est ce qui montre au-dehors ce qui est dedans. Combien d'herpès, de psoriasis, d'urticaires... sont des enseignes trop voyantes pour celui qui les porte.
>
> Ce qui est exprimé, rappelons-le, c'est le conflit.
>
> • Cette jeune fille a osé dire à sa mère qu'elle n'irait pas en vacances avec elle comme prévu, qu'elle préférait rester avec son ami, qu'elle avait encore du travail...
>
> Et durant ses vacances une irruption de boutons couvre tout son corps. Allergie, problèmes alimentaires, dira-t-on !

e) Les messages de fidélité ou de réparation

Ces messages vont s'inscrire très tôt dans le corps et l'imaginaire, ils vont dicter une part de nos comportements et nous entraîner parfois à des conduites folles, anarchiques et douloureuses. S'ils sont trop prégnants, ils peuvent se traduire en somatisations avec lesquelles nous allons tenter de dire notre impossibilité à être fidèle, ou à celle de nous différencier.

• Ce garçon a reçu l'injonction suivante : « Il ne faut pas laisser les autres s'approcher de trop près. »
Il dira plus tard : « C'était comme si une menace permanente pesait sur moi. Je suis devenu énorme, m'entourant de kilos comme pour mettre une distance entre moi et les autres. Tous les régimes furent inefficaces pendant des années. Un jour j'ai " entendu " la voix de ma mère comme si elle était présente, là, toute proche, alors qu'elle était morte depuis longtemps : " Il ne faut pas laisser s'approcher les autres trop près de toi, c'est dangereux. "
Et là, j'ai entendu enfin tout ce que ce message représentait et comment je me suis protégé des années durant par cette carapace de graisse.
Mon poids est redevenu normal très rapidement, une véritable cure de santé... sans régime aucun. »

• Quelques eczémas, certaines dermatoses tenaces jouent le même rôle. « Maintenir l'autre à distance. » Lui donner une bonne raison de ne pas s'approcher, de ne pas s'intéresser à moi. « J'avais mis à distance ma peur de ne pas être aimé. »

• « Cet enfant a " entendu " très tôt dans son corps la souffrance de sa mère qui avait perdu son père quand elle avait deux ans, même si elle n'en a pas parlé beaucoup, même si elle a fait face, comme on dit, et n'a pas montré son chagrin. Elle a continué à s'occuper de l'enfant comme si rien d'important n'avait traversé sa vie. Mais l'enfant a " entendu " son chagrin surtout si aucun mot, aucun échange n'a permis de le relativiser, de le médiatiser. Et peut-être que dans la vie relationnelle de cet enfant va s'inscrire une menace potentielle, un danger fantasmatique, celui que toute relation est menacé de perte, de séparation au bout de deux ans ! Et plus tard une envie compulsive de rompre, pour ne pas perdre l'autre, structurera ses relations affectives ou amoureuses. L'enfant a inscrit une peur de l'abandon à travers la blessure cachée de sa mère. »

● « C'est à l'âge de trente-deux ans que j'ai eu un accident de voiture, c'est aussi à l'âge de trente-deux ans que ma mère a été veuve et s'est mise alors à manger de la vache enragée pour élever ses trois enfants, seule, sans ressources. C'est à partir de trente-deux ans qu'elle a vécu dans l'angoisse du lendemain, l'angoisse surtout de ne pouvoir payer toutes les charges que lui créaient ses enfants.

Et moi, eh bien c'est à trente-deux ans que j'ai commencé d'être obèse (avant j'étais rondelette, d'accord, mais sans plus... peut-être même mignonne avec mes formes). »

Alors « baratin », « tricot de nouilles » que de dire ce que je dis depuis des décennies :

« Oh moi, j'ai été tellement privée de desserts quand j'étais petite, tant j'étais sotte, que je me rattrape, j'adore les desserts, je m'empiffre et donc je grossis... »

« Non, non ce n'est pas cela. À votre conférence, j'ai soudain réalisé que c'est bien à trente-deux ans que je me suis mise à grossir. Ma mère avait fait face aux difficultés de la vie, avec trop d'angoisses, à partir de cet âge-là.

Qu'allait-il m'arriver à moi ? Il fallait que je me défende vite... Moi, j'allais me montrer forte, très forte et rien ne m'atteindrait... Oui, chaque fois que je deviens " forte " c'est que je suis toute faible et vulnérable, que je me sens en danger et qu'il faut que j'établisse une défense tous azimuts. »

« Depuis la mort de ma tante et mes fantasmes agressifs envers mon frère... j'ai grossi encore plus... je suis devenue énorme, " forte " pour ne pas paraître mal à l'aise dans cette relation à laquelle je ne comprenais plus rien, où j'étais faible. »

Cette femme entend l'injonction de fidélité qu'elle s'est donnée très tôt, vraisemblablement à l'âge de trois-quatre ans, quand sa mère avait trente-deux ans et qu'elle est devenue veuve.

Une petite fille, un petit garçon, entend très tôt ces messages, ces obligations qui pèsent sur la vie de la personne aimée — Papa, Maman, parent proche...

Tout se passe comme s'ils voulaient prendre sur eux une partie de ce qui pèse sur la personne aimée. Comme si en s'identifiant à la personne en danger, ils la soulageaient d'une partie du fardeau.

Nous voyons ainsi des dettes et des fidélités s'inscrire ou resurgir dans le corps d'un adulte des années après l'événement, par association et réminiscence dans la mémoire jamais éteinte, jamais comblée du corps.

TOUT CE CHEMIN PARSEMÉ
DE VIOLENCES,
D'ÉTONNEMENTS ET
D'ERRANCES POUR
RETROUVER, ENTENDRE,
ACCEPTER LES SOUVENIRS
DE NOTRE CORPS, POUR
ENFIN LES LÂCHER, LES
DÉPOSER, CONSENTIR À LES
PERDRE.

Ma conviction, en matière de somatisation, c'est que les enfants sont les grands réparateurs des blessures cachées de leurs parents. Par fidélité, par amour, ils inscrivent dans leur corps un certain nombre de signes, de réparations ou simplement de mises à jour aux blessures cachées de leurs parents. Ils vont « mettre à jour » les secrets familiaux qui circulent dans une famille. Par un « passage à l'acte » somatique ils vont dévoiler, mettre en maux ce qui n'a pu être mis en mots.

• *Non-dit et fidélité*
Pour Jean-Luc, âgé de dix ans, la crise d'asthme qu'il développe un 23 juillet (jour anniversaire de son père) sera une tentative d'expression (nous dirions plutôt de traduction) pour dire ou traduire l'étouffement qu'il perçoit chez son père. Celui-ci, en effet, a été littéralement « privé de sortie » par sa propre mère : « Tu ne vas pas sortir avec le temps qu'il fait, tu veux me faire vraiment mourir », s'était écriée la grand-mère de Jean-Luc.

Jean-Luc en enfant fidèle tente de montrer, de mettre à jour, de révéler aux yeux de tous l'étouffement affectif dont son père est l'objet.

Il ne s'agit pas de décoder toutes les crises d'asthme avec ce mobile mais nous avons été souvent frappés par le parallèle existant entre certaines crises d'asthme chez des enfants et le sentiment d'oppression que pouvaient vivre dans la même période leur père ou leur mère.

• Cette femme commencera à entendre à quarante-deux ans le sens d'un acte irrationnel qu'elle avait posé à vingt-quatre ans.

« C'était l'automne, j'étais en stage comme interne dans un hôpital et tous les jours je me posais un " fango "[1] sur le ventre. J'entourais tout cela avec des bandages multiples. C'était si manifeste qu'une partie du personnel croyait que j'étais enceinte. J'ai fait cela pendant trois mois. Puis j'ai arrêté brusquement sans raison aucune. Tout dernièrement, en parlant avec ma mère, j'ai appris qu'elle m'avait conçue à la fin de l'été et que durant les trois premiers mois de la gestation elle avait eu des douleurs effroyables au ventre. " Cela dura tout l'automne ", m'a-t-elle dit. Maman avait exactement vingt-quatre ans quand elle m'a conçue, comme moi et mes " fango ". C'est étonnant cette similitude. »

• Toute petite j'ai cru que j'étais responsable de la santé de ma mère. Dès qu'il lui arrivait quelque chose, je croyais que j'avais mal fait. J'inventais toutes sortes d'obligations, d'épreuves pour tenter de prendre sur moi la " santé " de ma mère... »

---

1. Cataplasme de boue.

QUAND NOUS ÉCOUTONS
NOTRE HISTOIRE À
L'ÉCOUTE DES LANGAGES
DU CORPS, NOUS
COMMENÇONS ENFIN À
ENTENDRE LE RÉEL D'UNE
EXISTENCE.

B : Les messages relationnels que nous nous donnons

Pour survivre, pour continuer à affronter une situation qui autrement lui paraîtrait insupportable, un enfant va parfois se donner des injonctions, des messages impératifs qui seront des « garde-fous », des règles de conduite.

« Moi quand je serai grand, je serai le plus fort. »

« Je ne me laisserai jamais faire, je leur montrerai qu'ils ne peuvent pas m'obliger à obéir... »

Certains messages équivalent à des croyances « dur-comme-le-fer » qui perdurent si longtemps qu'il sera difficile de les remettre en question.

● Stéphanie a quatre ans et demi, elle regarde sa tante langer son petit frère. Celle-ci n'en ayant pas l'habitude lui dit : « C'est compliqué tout ça. » Et la petite Stéphanie de répondre, croyant que la tante parlait du sexe du bébé : « T'inquiète pas ça va tomber tout seul. »

« Le malheur c'est qu'il n'est jamais tombé. Et progressivement une angoisse, un malaise s'est installé en moi autour de cette injustice. Pendant toute ma vie de femme j'ai eu autour de mon propre sexe une inquiétude sourde, une angoisse sur laquelle je ne pouvais mettre aucun nom.

À quarante-cinq ans on m'a fait une hystérecto-
mie et, contrairement à beaucoup de femmes, cela
a été pour moi un véritable soulagement, comme
une libération, comme si enfin j'avais l'explication
de quelque chose qui m'habitait depuis toujours.
Aujourd'hui je sens qu'il y a un lien entre ma
phrase dite à quatre ans et demi et la perte de mon
utérus. Je le sens sans pouvoir l'expliquer plus. »

Oui, cette ex-petite fille retrouve peut-être là la
réponse au mystère de son enfance, quelque chose aurait
« dû tomber » chez le frère et avait dû tomber chez elle
sans qu'il y ait « mise en mots » de la part de l'entourage.
La différence des sexes semble une évidence pour les
adultes qui ont oublié tout l'imaginaire de leur enfance
autour de ce mystère.

● Cette autre petite fille s'était donné très tôt le
message : « Ce que tu désires, ce que tu attends,
tu ne l'auras pas. » Plus tard, chaque situation
d'attente déclenchait en elle une émotion dispro-
portionnée, insupportable.

Dans chaque relation sa position d'attente était
combattue par sa « peur-certitude » que cette
attente serait frustrée, déçue, vouée à l'échec. Le
couple attente-souffrance ainsi construit déclenchait un envahissement émotionnel, sorte de voile
pour échapper à cette peur.

« Je préfère rester dans le non-désir c'est moins
douloureux. »

● Une autre témoignera de son acharnement à
être parfaite :
« Ma mère n'a pas été la mère idéale que je voulais

avoir, c'est pour cela que j'ai voulu être une fille idéale. Chaque fois que je risquais d'échouer, j'avais un accident, je tombais malade... ce n'était pas ma faute. »

Les messages de survie

Ce sont les messages qu'un enfant va se donner à lui-même pour survivre, pour faire face à une situation insupportable, invivable. Il traversera ainsi son enfance et parfois toute sa vie appuyé, soutenu par cette béquille.

● Son père médecin était quasiment obsédé par les vaccins.

« Il courait après moi dans la maison avec la piqûre à la main. Vaccins, traitements divers, prises de sang, tout était bon. Parfois j'arrivais à table croyant avoir échappé ce jour-là au pire et... la seringue était à côté de son assiette prête à l'emploi. Il me faisait un signe de tête et je devais là, dans la salle à manger, montrer mes fesses, mon dos pour la piqûre... Je m'étais dit : " Jamais je ne me marierai puisqu'il faut faire une prise de sang... " »

Et cette femme de trente-trois ans qui avait remplacé « les injections par des injonctions » garde un souvenir effrayant de toute son enfance et adolescence... mais continue de vivre avec les injonctions qu'elle se donne.

Ainsi certains enfants vont se faire des promesses qu'ils tiendront longtemps, longtemps :

« Quand je serai grand jamais je ne pleurerai, je leur montrerai que je suis le plus fort... »

● « Ma mère a perdu, à l'âge de neuf ans, sa mère nourricière. Cela a été une perte très importante pour cette petite fille et a bouleversé toute sa vie. Et moi, à neuf ans, j'ai fait une tuberculose osseuse qui m'a séparé de ma mère pendant quatre ans, j'ai été placé en sanatorium. » Tentatives de témoigner, de participer, de réparer... témoignage de fidélité.

Après ce dernier témoignage je vous invite à trouver, à écouter en vous les messages reçus, subis, les messages que vous vous êtes donnés pour survivre.

Oui, les enfants sont les grands témoins des avatars familiaux de leur géniteur ou des personnes significatives qui ont jalonné leur existence. Ils perçoivent avec une acuité extraordinaire les points obscurs, les faiblesses, les blessures secrètes.

« Beaucoup de mes somatisations se retrouvent dans l'histoire de ma mère parce que je suis très attaché à elle et qu'elle est très importante pour moi. »

Beaucoup de traces de l'existence cachée de nos ascendants (cachée au sens de non dite) vont s'exprimer ainsi par des comportements atypiques, par des symptômes ou des passages à l'acte somatique.

LES LANGAGES DU CORPS
PARLENT NON SEULEMENT
DE NOS SOUFFRANCES MAIS
AUSSI DE NOS ASPIRATIONS,
DE TOUT CE QUI FAIT
L'ENVIE DE LA VIE.

Voilà donc, décrites très succintement et illustrées par des témoignages concrets, les cinq origines aux somatisations entendues comme des langages.

Mais au-delà :

- **des conflits intrapersonnels,**
- **du décalage entre les sentiments fictifs et les sentiments réels,**
- **des pertes et séparations,**
- **des situations inachevées,**
- **des messages relationnels**

qu'il nous appartient, adulte, d'écouter chez les enfants et en nous se développera un autre langage essentiel à l'existence, celui des symbolisations.

CE N'EST PAS LE DISCOURS
QUI EST IMPORTANT, C'EST
LE MESSAGE ENVOYÉ ET LE
MESSAGE REÇU.

V

LES SYMBOLISATIONS

Elles seront faites d'une grande variété de gestes, d'objets, de jeux et de liens invisibles qui vont prendre un sens spécifique pour permettre à un enfant de se relier au monde qui l'entoure. Cette fonction symbolisante d'objets, de paroles, d'actes, favorisera l'intégration de certains aspects de la vie qui seraient, sans cela, perçus comme trop menaçants, trop déstructurants par le bébé et le jeune enfant.

Le jeu

Freud avait observé chez un de ses enfants un jeu avec une bobine reliée à un fil. L'enfant jetait la bobine hors du berceau et la faisait revenir en tirant la ficelle. C'est le jeu du « fort-da ». Ce qui symbolisait les aller et retour de sa mère. Elle pouvait partir mais symboliquement il savait qu'elle allait revenir... comme la bobine.

Le jeu sera un moyen privilégié d'expressions symboliques et d'apprentissages, depuis les premières manipulations de hochets jusqu'aux jeux de société les plus compliqués, en passant par tous les « faire semblant ». Les jeux des enfants nous parlent.

Le petit qui construit et détruit ses tours de plots élabore les représentations de soi avec lesquelles il se propose au monde. Nous pouvons le voir, absorbé gravement dans cette recherche de soi à travers les empilements, les tentatives d'équilibre, les déplacements d'objets et bien sûr tous les jeux d'identification (poupées, voitures, etc.).

Il s'agira parfois pour l'adulte d'accepter la violence de ces représentations, les démolitions, les éventrations, le sadisme et la brutalité avec lesquels les enfants peuvent manifester leur vision des relations et aussi leur besoin d'exercer une maîtrise sur l'environnement (surtout si l'environnement est rigide et peu ouvert).

Dans ses jeux, l'enfant va tenter d'exercer un pouvoir qui, souvent, lui échappe dans le quotidien familial ou scolaire. Pourvoir tyranique ou tendu à la mesure des tensions ou pressions qui s'exercent sur lui.

> • La petite Corinne âgée de sept ans aligne dans sa chambre, dès le retour de l'école, poupées, poupons, ours et lapins et, jouant à l'institutrice, assène à chacun des injonctions, des ordres, des punitions, des gronderies brutales et des « je vais t'expliquer encore une fois » exaspérés. Dans la réalité Corinne a une maîtresse douce, sensible, libérale, elle l'aime beaucoup et n'a pas de difficultés scolaires.

Nous pouvons comprendre que c'est la relation de dépendance, dans laquelle se trouve tout enfant, que Corinne inverse et caricature ainsi. Dans son jeu elle occupe la position haute, alors qu'à l'école, forcément, elle est placée dans la position basse de celle qui reçoit l'influence, et qu'elle a d'autant plus de peine à s'en dégager qu'elle admire et adore sa maîtresse.

Beaucoup d'adultes ont du mal à comprendre que l'enfant, pour exister, a besoin de sortir par moments du jeu des influences, même lorsque celles-ci sont aimantes, attentives et bienveillantes.

Après une leçon ou une activité qui a « très bien marché », dans un climat harmonieux, ils pourront s'étonner de voir à la récréation les enfants s'engager dans de violents jeux de guerre. Ils expérimentent ainsi l'éventail des possibles, ils échappent à l'emprise des adultes, ils sortent du rôle qui leur est attribué. Il a été beaucoup dit et écrit sur l'influence pernicieuse de la violence à la télévision. Je me garderais d'être sectaire sur cette question. L'enfant médiatise lui aussi beaucoup de choses dans ce domaine. C'est la liberté d'échange qui est importante.

• Ce petit garçon de deux ans entre joyeusement dans le jeu qui lui est proposé pour l'aider à manger, « le petit lion qui ouvre la gueule et qui croque, rrham ! » Et soudain il sabote cette mise en scène qui le faisait jubiler, et tape sur l'assiette avec sa cuillère, prend un morceau de pain, entreprend de descendre de sa chaise. Il a besoin de couper, de sortir du type de relation instauré par l'adulte, il a besoin de se recréer à sa façon, de se repositionner.

Toute activité structurée devra ainsi alterner avec des moments où l'adulte ne mène pas le jeu et n'y participe pas, où l'interaction cesse pour laisser l'enfant exister hors influence et cultiver la capacité d'être seul en présence de l'autre.

Les mères ou les éducatrices qui croient bien faire en se montrant très participantes, en manifestant leur intérêt (« alors il mange bien ton nounours ? ») risquent de faire intrusion dans l'espace fragile où l'enfant absorbé s'échappait à l'intérieur de lui-même. Parfois il suffit de regarder, de poser son regard, d'être simplement là. La présence ne doit pas être confondue avec le faire[1].

Le dessin

La représentation du monde et de soi-même par le graphisme commence très tôt. Dès les premiers gribouillages il s'agira de relier entre elles des choses inaccessibles, séparées. Sur le papier vont se trouver réunis des éléments dispersés, le soleil cohabite avec la lune, la cheminée avec la poule, papa est présent avec grand-mère. Les grandes interrogations de la vie cohabitent dans un espace proche, rassemblées, reliées par la magie d'un gribouillis, par la densité d'une tache de couleur.

Par le dessin il y a non seulement représentation mais accession au monde. Par le déploiement des traits l'enfant s'introduit, se prolonge bien au-delà du système relationnel qui l'entoure et parfois le cerne de trop près.

Les enfants dessinent pour le plaisir, pour la fonction de maîtriser et de représenter, pour relier l'extérieur et l'intérieur et non pour le résultat. S'ils ne sont pas induits par les adultes ils ne jugent pas leurs dessins beaux ou laids, ils ne les offrent pas et ne les gardent jamais. Ils

---

1. Beaucoup de parents s'investissent dans le faire « pour l'enfant » et oublient que l'intensité d'être est une sécurité fabuleuse.

recherchent l'action et n'ont que faire du produit fini, ils le commentent sur demande si l'adulte ne parvient pas à comprendre tout seul le langage proposé.

Le dessin est un langage puissant susceptible justement de traduire et d'exprimer l'indicible. L'espace et le temps se mélangent, l'imaginaire est irrigué par le réel, le symbolique balise les franges de l'inconnu et du mystère. Respecter ce langage en ne se l'appropriant pas, en le recevant comme un cadeau.

Quand nous comprenons l'importance des symbolisations, nous pouvons en introduire dans nos relations.

Beaucoup de parents le font intuitivement, mais il est souvent difficile de « sortir du réalisme et du logique », il convient aussi d'écouter ce qui est en jeu pour l'enfant et pas seulement notre point de vue.

Ainsi, dans cet exemple :

> • Raoul, deux ans et demi, habitué à être reçu à toutes heures chez les voisins du troisième va, en l'absence de ceux-ci, chez les voisins du premier étage pour « dire bonne nuit à Hugo » (un petit garçon de son âge).
>
> Une porte claque et Raoul remonte en sanglotant. Sa maman tente d'expliquer que ce n'est peut-être pas l'heure, que dans la famille de Hugo ils sont peut-être en train de souper, qu'il a peut-être dérangé, que la maman de Hugo est peut-être fatiguée... (tout un discours réaliste, inaccessible à l'enfant).
>
> Raoul insiste et redescend « pour dire bonne nuit à Hugo ». Sa maman sort dans la cage d'escalier pour faire face à la situation et écoute ce qui se passe.

Raoul sonne, la porte s'ouvre et se referme violemment, sans un mot pour Raoul qui, lui, remonte...

Sa maman reprend les explications... Raoul dit qu'il veut redescendre... et sa mère devant cette obstination entend enfin que Raoul parle de « dire bonne nuit à Hugo » et qu'elle répond « parents de Hugo »... découverte qui entraîne un changement de registre en elle.

« Puisque c'est important pour toi d'aller dire bonne nuit à Hugo, c'est possible. Mais il faut faire autrement pour que personne ne te ferme la porte au nez. Tu vas descendre sans faire de bruit, sans sonner ni frapper, et tu vas dire " bonne nuit à Hugo " en lui faisant un grand signe de la main ou un bisou sur la porte. »

Raoul redescend, envoie un bisou sur la porte en marmonnant son « bonne nuit » puis remonte tout content.

Le jeu symbolique proposé par la mère a permis à l'enfant d'affronter une réalité qui serait restée incompréhensible et insupportable pour lui.

Ce recours à l'imaginaire nous fait trop souvent défaut. S'appuyer sur cette dimension, c'est enrichir nos relations, c'est ouvrir l'éventail des possibles.

• Si vous avez compris que pour tel enfant vous êtes significative, en partant en vacances, en vous absentant, vous pouvez lui laisser une symbolisation possible de votre présence, un petit morceau de laine, une écharpe, un peu de votre parfum, comme cela il saura que vous allez revenir et il n'aura pas besoin de produire des comportements non verbaux pour dire sa colère, son désarroi ou sa peur. Il va se sentir relié à vous par ce langage extrêmement puissant : celui des symboles qui traversent le temps, les apparences et l'espace. Il n'aura pas besoin de se détruire ou de détruire la relation pour continuer à exister.

Le questionnement

Le questionnement des enfants est une sorte de langage erroné. Car trop souvent nous « répondons » sans entendre l'interrogation réelle, sans entrer en relation avec leur véritable questionnement interne.

Les enfants questionnent pour recevoir de l'information, pour entendre une parole structurante sur la vie, les choses et les relations. Mais leurs questions peuvent aussi être un langage indirect qui a deux fonctions principales :

1 — L'enfant se sert d'une question pour à la fois montrer et cacher sa réaction ou son sentiment. « Tu aimes cette viande ? » demandera-t-il au lieu de dire : « Je ne l'aime pas. »

ou : « Les sorcières elles entrent même si la fenêtre est fermée ? » pour ne pas dire : « J'ai peur le soir dans mon lit. »

Et encore : « Maman elle vient à quatre heures ? » plutôt que : « Je m'ennuie de ma maman. »

En répondant simplement à la question, nous perdons une possibilité de permettre à l'enfant d'en dire plus sur ce qui le préoccupe. La réassurance qu'il demande sera plus effective s'il peut être entendu dans ses peurs, ses désirs et ses croyances.

2 — Par une question déplacée, déguisée, l'enfant tente d'aborder les grandes questions existentielles qui l'habitent confusément et qui touchent à la naissance, la mort, la sexualité, la violence et l'amour aussi.

● « Pourquoi t'as des seins puisque t'as pas d'enfants ! » dénonçait ce petit garçon.

● « Être pur dans ses pensées c'est quoi ? » demandait cette petite fille. Et à travers cette question était posée toute la vie de la sexualité imaginaire qui s'agitait en elle.

● « Pourquoi la maman chatte elle a tué un petit et pas les autres ? »

● « Il y a des chevaux qui ont aussi une corne comme les rhinocéros ? »

● « On a fait où le trou pour que le petit Chaperon rouge il sorte du loup ? »

● « C'est vrai Papa que tu seras mort quand je serai grand... »

● « Je m'ai déshabillée toute seule, annonce fièrement cette petite fille de cinq ans.
— On dit : je me suis déshabillée.
— Je me suis même quitté les chaussures toute seule.
— On dit, j'ai quitté ou encore j'ai retiré mes chaussures.
— Et toi, comment tu t'es quittée avec Papa ? »

Les questions sont autant d'investigations dans la vie apparente que dans la vie cachée ou secrète de l'enfant. Ne traitons pas le questionnement dans sa seule fonction d'information ou de savoirs. Prenons le temps d'entrer en relation avec celui qui pose la question.

> LES ENFANTS NE
> SOUHAITENT PAS AUTANT
> QUE NOUS LE CROYONS
> QU'ON RÉPONDE À LEURS
> QUESTIONS MAIS QU'ON
> ENTENDE DERRIÈRE LA
> QUESTION
> L'INTERROGATION RÉELLE
> QUI LES ANIME.

Les professionnels de l'enfance n'utilisent pas assez les langages symboliques. Nous pourrions y recourir plus souvent avec des objets, des jeux (accueillir chaque enfant avec un objet symbolique), personnaliser les bonjours ou les au revoir, la place, l'espace ou l'activité. Tel animal, tel fruit, devient un signe de reconnaissance, d'apaisement ou de confirmation. Donner à tel enfant (en collectivité) des gestes spécifiques qui ne seront « qu'à lui ». Par exemple : prendre la main ou la tête de l'enfant dans ses mains d'une certaine façon. C'est fondamental de pouvoir lui dire de cette manière : « Je te reconnais différent des autres, même si vous avez le même âge, etc. »

Les rêves

Les rêves « produits » chaque nuit, tout au long d'une existence, sont à entendre parmi les langages les plus riches. Les rêves sont l'équivalent de langages codés que nous utilisons à l'égard de nous-mêmes pour accéder à une vérité difficilement recevable autrement.

Par un rêve nous allons nous relier ou nous autoriser

ou encore oser un conflit, traverser une peur, faire vivre un désir. Le rêve est une mise en images et en émotions d'une infinité de non-dits, de refoulements ou de silences qui jalonnent le quotidien au-delà de ses réalités apparentes.

Même quand ils sont oubliés, nos rêves restent inscrits dans le corps et leurs traces demeurent. Les enfants racontent les rêves sous forme d'anecdotes ou encore posent des questions indirectes.

Comme parents ou accompagnants il ne s'agit pas d'analyser les rêves, de proposer un décodage mais de les écouter et de permettre à l'enfant d'associer, d'en dire plus.

Les actes de filiation

Quand un enfant ne se sent pas reconnu dans une lignée (maternelle ou paternelle), quand il est « écarté » de cette lignée,

> « Oh celui-là on se demande d'où il vient, de qui il tient. »
>
> « Il a tout des Dupont... »

il va parler avec son corps pour faire reconnaître la lignée dont il est issu.

> ● « Je ne savais pas que son père avait été braillard comme lui, dira cette femme. C'est ma belle-mère qui m'a dit tout dernièrement, quand je lui parlais des cris de mon fils la nuit, que mon mari avait été aussi un sacré braillard... »

Combien d'enfants vont ainsi inscrire dans leur corps

les signes de leur appartenance, les marques certaines de leur filiation.

- « Elle a eu le même eczéma que moi à son âge... C'est curieux quand même. Le mien a disparu à neuf ans comme le sien. »

- Quand ce petit garçon s'est réveillé ce matin-là avec les deux jambes paralysées et que pendant plusieurs semaines aucun examen n'a permis de trouver une explication, il ne savait pas ce que sa mère lui révélera trente ans plus tard :
« La veille où tu as eu cette attaque de paralysie, ton père avait décidé de me quitter. Nous avons parlé, parlé sans nous entendre toute la nuit. À cause de ce qui t'est arrivé, il est resté et n'a plus jamais parlé de ça. »

Il n'est pas excessif de penser que par ce passage à l'acte somatique l'enfant désamorçait un passage à l'acte relationnel chez le père.

- Cette jeune femme racontera comment elle a été internée en hôpital psychiatrique à dix-sept ans à partir d'un refus brutal de nourriture.
Elle dira vingt ans plus tard : « Ma mère m'a dit un jour qu'elle avait préféré rompre avec sa propre mère pour échapper à la folie et que cette rupture avait eu lieu quelques jours à peine après ma sortie de l'hôpital psychiatrique. »

Serait-il trop osé de dire que tout s'est passé comme si justement cette jeune fille avait anticipé, avait montré le chemin à sa propre mère : « Voilà ce qui t'attend si tu ne prends pas de la distance avec ta mère à toi. »

Ce séjour très court (quinze jours à peine), qui ne lui a laissé aucune trace sinon un sentiment d'humiliation devant le comportement de certains soignants, peut être vu comme une sorte de signal que cette jeune fille adressait à sa mère pour l'avertir, pour la protéger. Elle nous dira : « Quand j'ai fait cette association, quand j'ai pu donner un sens à cet événement, un sentiment très fort de libération et de plaisir même est venu en moi. »

Actes de filiation qui sont autant d'actes de fidélité.

Outre les objets, les contes et les « histoires » ont une fonction symbolique essentielle. Par le jeu de l'imaginaire et des fantasmes ils permettent de relier, d'associer et de verbaliser souvent l'indicible.

> « UN PRINCE SE PRENANT
> POUR UN DINDON REFUSAIT
> DE MANGER ET DE VIVRE
> AVEC SA FAMILLE.
> UN SAGE, POUR LE GUÉRIR,
> LE REJOIGNIT SOUS LA
> TABLE. SE PRÉSENTANT
> COMME DINDON HUMAIN
> NUMÉRO DEUX, IL EN FIT
> SON AMI ET LE PRINCE FUT
> GUÉRI. »
> CONTE DE RABI NEHMAN
> DE BRATZLOV.

Nous proposons quand les maux (à défaut des mots) se sont installés chez un enfant, comme chez un adulte, de les rejoindre et de les traiter sur un mode symbolique. À langage symbolique réponse symbolique.

Ainsi vous trouverez en annexe divers contes qui ont permis à des enfants de s'entendre enfin et de lâcher les symptômes qui les habitaient.

Les réparations symboliques

La vie va parfois nous proposer des équivalences symboliques qui vont « soigner », « réparer », « combler des blessures et des souffrances anciennes ». Certaines relations amoureuses de type coups de foudre vont avoir cette fonction, le désir de comblement d'une faille archaïque, mais qui ne sera pas vécu comme tel au présent. Des événements infimes, des circonstances banales, des coïncidences, des rencontres vont prendre sens sans même que nous en ayons toujours conscience.

> ● Cette femme de cinquante-deux ans reçoit chez elle une petite-nièce de seize mois. Elle a elle-même perdu son père quand elle avait seize mois et a gardé de cette perte une blessure sans fin.
> Pendant deux jours elle va s'occuper de Noémie avec beaucoup de soins, de tendresse.
> « Je ne lui ai donné que du bon et je me suis fait un tel plaisir que quelque chose en moi a été comblé. »

Quand cette ex-petite fille a pu écrire et « rendre » à un violeur la peur qu'elle avait eue à sept ans, elle répare symboliquement cette violence du passé qu'elle continuait à entretenir en elle. Elle sort du silence et de la violence du silence en elle.

Voici sa lettre.

● « Je suis la petite Françoise X..., âgée de huit ans, qui vient vous dire tout le mal que vous m'avez fait le jour où vous m'avez violée dans la maison de vos parents. Vous m'avez appelée, je vous connaissais, alors je vous ai suivi.

À peine entrée dans la pièce qui était sombre, car dehors il faisait un grand soleil, vous m'avez jetée et coincée sur le lit. J'étais pétrifiée, paralysée, je ne pouvais pas crier. Sous votre corps énorme j'ai cru mourir étouffée.

Meurtrie dans mes chairs, dans mon corps, dans mon esprit, je repars en entendant cette menace terrifiante comme un coup de poignard : " NE DIS RIEN. " De peur que vous ne recommenciez, ou peur d'être tuée (c'était mes peurs d'enfant), je n'ai jamais rien dit à personne.

Et pendant des années j'ai été effrayée, angoissée, paralysée dès qu'un garçon ou un homme m'approchait. Dès que je vous voyais, je fuyais. Encore maintenant, dès que je vous vois ou que j'entends parler de vous, un dégoût et une colère montent en moi. Je n'osais pas le montrer, je vous haïssais.

Cette violence faite il y a de cela quarante-deux ans est restée vivace, douloureuse jusqu'à maintenant. Aujourd'hui je viens vous rendre toute cette peur, toute cette angoisse, toute cette souffrance physique et morale dont vous êtes responsable et qui ont entravé une partie de ma vie.

Tout cela ne m'appartient plus, je m'en libère en venant vous les rendre puisque c'est vous qui les

avez inscrites dans tout mon être et bien évidemment contre mon gré. C'est votre violence à vous
et elle vous appartient.
Aujourd'hui j'ai grandi et j'ose sortir du silence. »

Nous ne pouvons pas changer notre passé mais nous
pouvons changer notre relation à notre passé. Il y a ce
qu'on a fait de nous et ce que nous, nous continuons à
entretenir de ce qu'on a fait de nous.

Beaucoup de situations inachevées, de pertes, de séparations peuvent être réparées, beaucoup de messages
reçus peuvent être rendus sur un mode symbolique. Par
la médiation d'objets, de gestes, de signes.

Dans les groupes de formation nous utilisons la
visualisation et les actes symboliques pour se relier ainsi
aux événements, aux personnes de notre passé même si
elles ont disparu, même si elles ne font plus partie de
notre réalité. Ainsi une lettre écrite au présent, à un père,
à une mère décédés depuis longtemps va constituer un
apaisement, un ancrage, va terminer une situation inachevée.

Pour une mise en mots

La parole interdite ou balbutiante, les mots qui se
dérobent enfouis dans le silence et les peurs, les pensées
chaotiques, les émotions anarchiques ou parfois un verbe
jargonnant, stérile, emplissant le vide de l'angoisse, voilà
les origines de beaucoup de maux.

Tout au long des pages précédentes nous avons invité à
une écoute, à une reconnaissance de tous les langages
produits par un petit d'homme. Nous invitons maintenant à une mise en mots.

Une des finalités de l'existence est certainement cet

agrandissement, ce prolongement de nous-mêmes jusqu'aux horizons multiples de la vie. Et pour cela nous avons besoin d'une parole propre, d'une mise en mots. Nous l'avons entendu dans le récit de cet homme redécouvrant un souvenir oublié.

• « Mon père était médecin et un jour il a fait grève. Il s'est trouvé entièrement disponible, comme désœuvré et m'a aidé à réparer mon vélo. C'était incroyable, incroyable. »

Et les yeux de cet homme de quarante-cinq ans brillaient du bonheur de ce souvenir, de cet événement unique.

« C'était incroyable, il s'est occupé de moi, de mon vélo. Il a aujourd'hui soixante-dix-huit ans et je voudrais lui faire cadeau de ce souvenir. »

• Billet de jour laissé par une jeune fille de vingt-deux ans à sa mère.

« Maman,
Je t'aime toujours autant, ne l'oublie pas malgré nos malentendus.
J'ai besoin de trouver ma propre voie, ma voix à moi, ma propre vie. Mais comme j'attache trop d'importance à ce que tu me dis, j'ai toujours l'impression de ne pas être moi-même.
Sache, Maman, que malgré ce passage à vide entre nous, l'amour restera vivant.

Ta fille FLO. »

Si les gestes, les passages à l'acte, les rituels, les somatisations et les symbolisations sont des langages, il nous faut bien en entendre les messages et les relancer avec des mots dans le grand cycle de la vie.

J'ai tenté ainsi de montrer quelques-uns, quelques-uns seulement, des multiples langages non verbaux qu'utilisent les enfants et les adultes dans leur relation avec le monde.

Je souhaite maintenant introduire et développer les échanges de ce travail présentés en différents lieux [1].

Peut-être des interrogations personnelles surgiront-elles chez le lecteur et aura-t-il envie de les partager avec son entourage.

Merci de votre écoute.

1. Nous rappelons que ces idées ont été exposées au cours de différentes conférences en 1988 et 1989. Il nous a paru intéressant d'en redonner le témoignage pour en prolonger les interrogations, une partie des interrogations concernant plus directement le personnel de la petite enfance et le personnel travaillant en institutions éducatives.

NOMMER

Nommer un nouveau-né,
ce n'est pas le décrire,
ce n'est pas l'emprisonner
dans un mot,
ce n'est pas en faire une idée,
l'enfermer dans une dialectique
ou sous une étiquette.
Le nom est un acte de relation,
un acte de correspondance,
un rendez-vous pour une action,
un vivant pour un vivant,
un quelqu'un à quelqu'un,
nom propre
et non pas nom commun.
Nommer un nouveau-né,
c'est prendre la parole...

Jean DEBRUYNE.

DEUXIÈME PARTIE

PERMETTRE À UN ENFANT
DE SAVOIR QUI IL EST, DANS
TOUTES LES SITUATIONS DE
LA VIE, AVEC N'IMPORTE
QUEL ADULTE, VOILÀ L'EN-
JEU DE TOUTE ÉDUCATION.

Échanges — Partages et commentaires[1]

J'invite chacun à partager ses réflexions, ses associations faites au cours de mon exposé, pour les relier et les prolonger dans la pratique quotidienne de l'accompagnement des jeunes enfants.

Je souhaite être stimulé par vos expériences et découvertes pour agrandir ainsi ma recherche.

Témoignage

Cette personne a été interpellée par l'aspect « Pertes et séparations ».

« Une histoire en rapport avec ce que vous nous avez dit de votre fille, cela m'a fait penser à une de mes filles qui a perdu son arrière-grand-mère, donc ma grand-mère.

1. Il s'agit là, dans cette deuxième partie, de la retranscription d'un débat faisant suite à une conférence sur le thème de la communication non verbale avec les enfants. Il nous a paru intéressant d'introduire ces échanges pour ouvrir à un questionnement plus vaste pour les accompagnants de la petite enfance.

Elle avait trois ans et je n'ai pas pu l'emmener au cimetière. Pour une question de religion, ma famille s'y est opposée, alors que j'aurais aimé sa présence. Il y avait un conflit entre ma mère qui ne voulait pas qu'elle vienne et moi qui voulait sa présence. Ce fut très difficile pour moi.

Les jours suivants ma fille a inventé un jeu auquel j'ai participé. Pendant des jours elle a joué à la Belle au bois dormant. Elle se mettait dans un carton, faisant comme si elle était endormie ou morte, et je devais l'embrasser. Elle faisait semblant de se réveiller avec mes baisers, de revenir à la vie. Puis elle m'a posé des tas de questions sur la religion, qui m'ont mise au pied du mur. »

Commentaire J.S.

C'est merveilleux ce que vous racontez, madame. Je trouve très important d'être rentrée dans son jeu. Car vous entendez bien qu'à travers ce jeu ritualisé cette petite fille a géré, non seulement l'angoisse mais aussi toutes les questions sans réponses qui ont surgies en elle à propos de la mort de son arrière-grand-mère, qui devait être importante pour elle.

Avez-vous pu parler de cela avec votre fille ? Car il me paraît essentiel d'en reparler. Pas sur le fait, l'événement, mais sur votre vécu à vous. Vous aviez perdu, vous, votre grand-mère, elle, son arrière-grand-mère et votre mère, sa propre mère. Ce ne sont pas les mêmes liens, les mêmes sentiments. Dire comment vous avez pu l'accompagner dans cette traversée avec le jeu de la Belle au bois dormant.

Il serait possible de faire une hypothèse. Quand votre

fille sera mère d'un enfant de trois ans, il peut être amené à produire un acte symptomatique qui sera sa façon de dire sa fidélité ou son amour à Maman ou encore cette réminiscence très ancienne : la peur de perdre quelqu'un de proche, l'inquiétude « qu'un Dieu tout-puissant rappelle au ciel Maman ou Papa... »[1].

J'appelle cela clarifier la communication verticale qui va passer de génération en génération. En particulier pour toutes les situations floues non explicitées, pour aussi mettre au jour ce qu'on appelle les secrets de famille, pour tous les non-dits importants de la vie cachée d'une famille.

Échanges

« J'ai tenté de parler à ma grande fille et je lui ai dit que pour sa grand-mère et la religion ça n'était pas possible de tout concilier. Je suis partie sur Dieu car ma fille m'a demandé ce qu'il y avait après la mort. J'étais assez démunie. Ma fille m'a demandé qui était Dieu et cela a pris des années... de bafouillages pour enfin lui dire que je ne savais plus très bien ce que recouvrait cette croyance pour moi. »

Commentaire J.S.

Cela prend même une vie. Mais je vais vous dire, madame, cela peut faire l'objet d'une autre démarche.

1. J'ai connu une jeune femme qui, après un accident, était restée ainsi dans le coma vingt-sept jours, le même nombre de jours que sa propre grand-mère avait vécu dans le coma avant de mourir.

Celle de la communication verbale pleine. Je le répète, la communication non verbale peut n'être que la traduction des difficultés de langage que nous avons quand nous tentons de faire accéder l'enfant à la compréhension du monde qui l'entoure.

Je vais m'appuyer sur votre témoignage. En matière de communication, nous avons la possibilité de communiquer au niveau d'un fait, de parler au niveau du ressenti ou au niveau du retentissement.

À partir d'un événement concret et relationnel, la mort de l'arrière-grand-mère, vous avez parlé de la religion (aspect culturel). Mais pour moi ce n'est pas suffisant, alors je vais inventer un dialogue possible.

Ce qui aurait été important, pour moi, de dire à cette petite fille :

> ● « C'est vrai que dans notre religion on ne permet pas aux enfants d'aller au cimetière, mais je vais te dire comment j'ai vécu cet interdit. J'étais très en colère. J'ai été très en colère contre ma propre mère qui n'acceptait pas que tu puisses venir au cimetière, car moi, je savais l'attachement que tu avais pour ton arrière-grand-mère. »

Voilà, vous quittez le niveau des faits pour aller au niveau du ressenti et surtout parler de la relation importante qu'il y avait entre une petite fille et sa grand-mère. La petite fille va se sentir entendue dans son propre ressenti à elle.

Pour le retentissement, lui dire à quoi vous renvoient les interdits et les séparations. À quelle autre situation de séparation vous a renvoyée cette perte.

Le malentendu s'installe chaque fois qu'à partir d'un

fait ou d'une question nous répondons par un « dialogue en conserve », un dialogue explicatif au lieu d'écouter les sentiments réels, le vécu intime.

J'appelle « dialogue en conserve » quand nous donnons comme réponse quelque chose qui est de l'ordre des principes, qui fait référence à une construction mentale. Il est important **de réintroduire les deux registres les plus oubliés dans la communication :**

— celui du ressenti,
— celui du retentissement,

au lieu de **vouloir rassurer à partir de nos croyances ou de nos convictions.**

● Tel cet adulte de quarante-cinq ans se souvenant de ce qu'on lui a dit à l'âge de douze ans quand son père est mort : « Tu ne pleureras pas au cimetière, il y aura du monde, tu es grand... » On lui a dicté les sentiments qu'il devait montrer et qui n'étaient pas les siens, et peut-être trente-trois ans après, il pleurera toutes les larmes de son corps, soulagé enfin de pouvoir dire sa tristesse, son désarroi et aussi l'énorme colère qu'il avait contre son père (colère jamais exprimée) : « Papa tu n'avais pas le droit de mourir, j'avais besoin de toi, j'étais encore petit moi, pour être laissé seul face à Maman... » Tout ce qu'il n'a pas pu dire à douze ans va resurgir au cours d'une crise émotionnelle libératrice.

Chaque fois que l'on permettra à un enfant de retrouver et de mettre des mots sur ses sentiments réels ou, quand il est trop jeune, qu'on l'écoutera et on osera mettre les mots de l'empathie : « Oui,

j'entends ta colère, ta tristesse, ton désarroi... »,
chaque fois, oui, on lui permettra de se relier plus
cohérent aux étrangetés, aux mystères ou aux
injustices de la vie.

PRIVÉ DE PAROLES, LE PETIT
D'HOMME SÉLECTIONNE LE
SIGNE QUI AGIT SUR
L'ENTOURAGE COMME
DÉTONATEUR.

Témoignage

« J'ai accueilli un enfant chez moi car sa mère avait
voulu se supprimer avec lui. C'est lui qui était tombé du
deuxième étage, je l'ai accueilli dans ma maison. Il " m'a
fait " toute une série de " choses mauvaises ", des bêtises
sans arrêt. J'étais très touchée. Les premiers temps je me
suis demandé comment j'allais faire pour répondre à ses
questions.

Il était très adroit de ses mains, il a fabriqué un nid avec
de la pâte à modeler et un oiseau. Il a fait tomber l'oiseau
du nid en disant : " Tu vois, moi aussi je suis tombé du
nid. " J'ai été très émue. Tout au long des neuf mois où il
est resté chez moi, il avait peur des escaliers et des fossés
profonds. Quand on allait à la montagne, il s'arrêtait net,
je le prenais contre moi et je lui disais : " Je ne vais pas te
laisser tomber. "

Au bout de neuf mois, il a pu retourner chez sa mère
qui s'était remise de sa dépression. »

Commentaire J.S.

Voilà un témoignage très passionnant. Cet enfant s'est donné les moyens d'affronter, peut-être, l'insupportable, d'affronter une situation chargée de menaces. D'abord en passant à l'acte, en faisant ce qu'on appelle « des bêtises », pour vérifier l'amour dont il était l'objet. Puis en symbolisant par des jeux. En apprivoisant son vécu douloureux, en le réintégrant dans une réalité « maîtrisable ». C'est bien lui qui fait tomber l'oiseau... et le remet dans le nid. Tout cela... le temps d'une gestation nouvelle de neuf mois... passés avec vous.

Les enfants sont très compétents pour affronter les malentendus, les injustices de la vie... si on leur permet d'utiliser les langages de l'imaginaire et du symbolique qu'ils portent en eux.

Témoignage

« J'ai perdu mon père il y a dix ans, et chez nous, quand quelqu'un décède, on garde le corps du défunt à la maison pendant trois jours.

Toute la famille vit autour du cercueil. J'ai beaucoup de petits neveux et ma mère racontait comment elle avait connu mon père, les bonnes choses qu'ils avaient vécus ensemble. Tout le monde pleurait et riait en même temps. Il y avait l'émotion qui circulait, et les enfants regardaient si Grand-Papa avait des chaussettes. Ils le touchaient et demandaient pourquoi il était dur. Pendant ces trois jours, on a pu le laisser mourir et durant tout ce temps chacun a pu poser des questions, surtout les petits enfants. C'est dommage que cette coutume ait disparu car elle permettait de voir, de parler, de toucher ce corps qui va disparaître, de se relier à celui qui nous quittait. »

Commentaire J.S.

Votre témoignage indique bien l'importance des différentes phases du deuil. Avec la possibilité de pouvoir partager le sentiment de perte, de pouvoir être accompagné en famille, entouré d'êtres proches, et aussi d'accompagner celui qui nous quitte. Il y a aussi tous les possibles à l'expression de l'imaginaire et des sentiments réels, justement à travers des petites phrases qui semblent peu importantes : « Alors il ne me grondera plus quand je demanderai deux fois du dessert », ou encore : « Moi j'aimais pas quand il éternuait, il postillonnait partout... »

À travers les souvenirs nous restons reliés à ceux qui nous **quittent, nous conservons en nous leur trace et la marque de leur vivance.**

Dans le monde actuel ce temps du deuil est souvent escamoté et remplacé par des « explications », le vécu ne peut se dire et pour les enfants c'est un manque qui s'installe.

Questionnement

« Vous semblez éliminer le hasard et penser que tous les événements qui surgissent dans une vie ont un sens ou une explication ! »

Commentaire J.S.

Dans mon village, il y avait des processions pour faire pleuvoir et il y avait des chants particuliers pour cette occasion quand la sécheresse durait trop longtemps. Tout le monde venait, parce que ça relevait d'un autre ordre de valeur et d'une morale d'appartenance à une culture donnée. Aujourd'hui on nous a transformés en météorologistes, nous savons tout sur l'anticyclone des Açores et les zones de basse et haute pression dans le golfe du Lion ou de Gascogne... ! Nous commençons à entrevoir quelques-uns des mystères du beau temps et du mauvais temps !

Ce que nous appelons le hasard, c'est toute la somme de nos méconnaissances, tout ce que nous ne connaissons pas ou ne pouvons expliquer. Nous appelons hasard la femme qui, au cinquième étage, arrose ses fleurs et en même temps a une irritation contre son mari qui la fatigue avec des demandes qu'il pourrait exécuter lui-même. Elle donne, avec l'arrosoir, un coup dans le pot de fleurs. Si vous passez, « par hasard », dans la rue, le pot va vous tomber sur la tête... si, vous aussi, vous vous êtes disputé avec quelqu'un et que vous réfléchissiez à ce que vous auriez dû lui dire. Si vous êtes vigilant, vous entendez tomber le pot de fleurs et... vous l'évitez. Nous avons, sans arrêt, des hasards... qui passent tout près de nous sans provoquer de catastrophes et d'autres, au contraire,... qui nous touchent de plein fouet, en relation avec un conflit, un malentendu, une situation inachevée. Tout est relié, même si nous ne le percevons pas.

Je comprends tout cela comme un immense système relationnel où des milliers d'éléments sont en interrelations, interconnectés, communiquent entre eux à des niveaux qui nous échappent aujourd'hui. C'est certainement plus complexe que cela. Mais je donne une image globale pour accéder à une compréhension, au lieu de croire que c'est la fatalité, le destin et que nous sommes démunis ou impuissants. Tout se passe comme si un champ de forces permettait à un certain moment à des choses, à des êtres, de se rencontrer et de réaliser, de confirmer une communication, c'est-à-dire une mise en commun. Qu'est-ce qui fait que j'ai rencontré cette personne alors qu'il y en a cinq milliards dans ce monde ?

« Pourquoi cela m'arrive-t-il à moi ? » se demande cette personne en apprenant qu'elle a une maladie grave ! Et le sentiment d'injustice qu'elle vit l'empêche d'entendre et de prendre conscience de sa « participation », de sa collaboration à ce qui lui arrive.

Pour vous le hasard existe et pour moi le hasard c'est un réseau immense de communications invisibles dont nous commençons d'entrevoir à peine quelques ramifications.

Ma fille est biologiste et quand je discute avec elle, je découvre que la biologie n'est que de la communication. Quand vous me parlez, le nombre de messages qui doivent parcourir mon corps pour que je puisse vous entendre est proprement incroyable. Telle enzyme doit apporter à telle autre telle information qui sera décodée par une troisième... C'est un miracle permanent pour que tout cela marche. C'est que tout est message, tout est communication, tout à un sens dans l'infiniment grand comme dans l'infiniment petit. Les physiciens, les astronomes vont nous apporter beaucoup sur la compréhension des systèmes relationnels invisibles qui circulent dans une vie humaine. Nous existons, coexistons à l'intérieur de plusieurs réseaux qui sont eux-mêmes connectés à d'autres réseaux...

Je voudrais terminer ce commentaire en ajoutant que c'est celui qui reçoit le message qui lui donne un sens. Chacun d'entre nous sélectionne, déforme, amplifie, prolonge ou réduit toutes les tentatives de communication qui lui viennent d'autrui.

Témoignage

« C'est peut-être prétentieux de croire que l'on peut tout expliquer. Je vous ai entendu dire que, lorsqu'un enfant a mal à la gorge, si j'appelle le médecin, cela risque de bâillonner l'enfant, je ne suis pas d'accord, parfois le médecin peut être une façon de relier l'enfant au plus près de sa souffrance. »

Commentaire J.S.

« Bien sûr, et c'est ce que savait faire le médecin de famille. Non seulement il vous connaissait, mais il prenait le temps de communiquer, il entrait en relation avec vous. Il savait beaucoup de choses sur vous, votre histoire, votre famille et il savait surtout **relier** ces choses entre elles. C'était toute une communication qui s'établissait entre lui et votre histoire. Il n'entendait pas seulement le symptôme, il pouvait aussi vous entendre vous et vous permettre ainsi d'entendre ce que vous « tentiez de dire avec ces maux. »

● Mais aujourd'hui si une maman amène son bébé chez le pédiatre et qu'elle dit : « Docteur, je suis très inquiète, elle ne dort pas bien la nuit. » À qui va-t-on donner les pilules ?... Au bébé... Je vous assure, des milliers de bébés sont soignés comme cela. Si le pédiatre connaît son métier, il devrait écouter deux choses. Il devrait entendre le bébé et la personne qui lui parle. Et s'il entend les deux, l'inquiétude de la mère, l'insomnie de bébé, Bébé s'en portera mieux... sans trop de pilules.

● Si l'instituteur de votre enfant vous appelle : « Écoutez, je ne sais plus quoi faire de votre fils, je ne comprends pas, ça marche bien avec les autres, mais pas avec lui... » À qui va-t-on donner des cours particuliers ou du soutien scolaire ? À l'enfant, alors que c'est l'instituteur qui ne « sait » pas comment s'y prendre avec cet enfant !... C'est bien lui qui est en difficulté. Mais comme nous n'écoutons pas sa plainte ou son désarroi, nous donnons des cours particuliers à l'enfant et l'instituteur restera toujours en difficulté... face à cet enfant.

> C'EST CELUI QUI PARLE QUI
> A QUELQUE CHOSE À DIRE.

● Votre enfant rentre de l'école et vous dit : « Il m'a traité de sale juif » et vous dites : « Attends un peu, je vais aller lui dire deux mots, moi, à celui qui te traite de sale juif ! » Eh bien non, c'est votre enfant qui vous parle, qui veut être entendu. Nous nous précipitons sur ce dont il nous parle au lieu de l'écouter... lui.

J'appelle cette dynamique celle du tiers déviant. Quand deux personnes tentent de communiquer, le contenu ou le support du discours devient un tiers qui fait écran à l'écoute possible.

Encore une fois, je veux dire combien il est vital de mettre des mots sur le non-verbal. Mettre les mots sur les maux, est une démarche difficile, il faut être très vigilant face à cela, car souvent c'est sa propre inquiétude que l'on transmet à l'enfant pour régler une situation. Avec les mots, les enfants sont parfois trop submergés. Il y a ceux qui ne disent pas assez, et ceux qui disent trop. J'ai souvent rencontré des enfants submergés par le flot de paroles des adultes... sur eux...

Témoignage

« Ce que j'ai bien aimé dans vos exemples, c'est que c'est l'adulte qui parle de lui et non une interprétation de ce que l'enfant pourrait ressentir. »

Commentaire J.S.

Oui, cela est essentiel. Nous passons trop de temps en cherchant à expliquer le comportement d'un enfant. Nous trouvons d'ailleurs souvent mille raisons logiques ou rationnelles et nous oublions d'entrer en relation avec lui pour lui permettre éventuellement de se dire. Il ne s'agit pas de surcharger l'enfant de paroles mais de l'aider à **mettre en mots** son vécu ou ses interrogations.

Une grande partie de l'éducation, avec les jeunes enfants, parce qu'ils sont vulnérables, risque de déboucher sur le terrorisme relationnel [1].

Je propose comme une option de vie de tenter de se responsabiliser dans la communication. Ainsi, avec la mort d'un grand-père, je peux dire ma peur ou ma

---

1. Par terrorisme relationnel nous entendons l'ensemble des violences faites à autrui... au nom de notre amour, de notre intérêt pour lui ou de nos désirs et nos peurs.

tristesse à moi d'avoir perdu mon père, et témoigner de ces sentiments-là. Je vous assure que les enfants comprennent cela très vite, que c'est bien votre peur ou votre tristesse à vous, que ce n'est pas la leur. Que c'est votre désir à vous « qu'ils mangent la soupe que vous prétendez bonne pour eux ».

Si vous êtes en difficulté relationnelle, imaginez la relation comme une écharpe entre deux personnes et acceptez de vous sentir responsable du bout qui est chez vous et d'écouter ce qui se passe dans ce bout. D'écouter aussi ce qui se vit à l'autre bout. Quand une relation est difficile, confuse, présentez à votre partenaire une extrémité de l'écharpe : qu'est-ce qui vient de toi ? Qu'est-ce qui vient de moi ?

Contrairement à ce que pensent beaucoup de personnes, les enfants ne manquent pas d'amour, mais souvent l'amour des parents est un amour maladroit, un amour excessif porteur de beaucoup d'angoisses et de doutes.

Je vous invite à arrêter de parler sur l'autre et de parler à l'autre, cela permet de mieux différencier les sentiments et les émois de chacun.

Dans les maternités où j'ai l'occasion d'intervenir, je vois que l'on parle trop souvent sur le bébé et pas au bébé. Le personnel fait sans arrêt des discours **sur** l'enfant et oublie de s'adresser à lui.

• Dans un service de prématurés, il y avait le cas de Natacha, une prématurée qui avait moins de onze semaines. Elle pesait à sa naissance un peu plus de huit cents grammes et avait une particularité, elle n'avait pas développé de poumons. Depuis huit semaines elle végétait et les médecins se demandaient s'il ne fallait pas arrêter toutes les machines de « conservation de la vie ».

Mais le personnel soignant s'était attaché à Natacha, et personne ne voulait prendre la responsabilité d' « appuyer sur le bouton ». Je suis intervenu dans cette période-là et j'ai demandé à voir Natacha.

Je voudrais dire d'abord qu'il est important d'aborder un enfant de face, et de le regarder en positionnant son corps et son visage en face à face. Puis j'ai parlé à Natacha, à ce petit bout de chou inachevé, de quelques semaines : « Bonjour Natacha, tu ne me connais pas, mais moi j'ai beaucoup entendu parler de toi, et je crois que les personnes qui s'occupent de toi donnent le meilleur d'elles-mêmes. Mais elles ne pourront pas te donner les poumons qui te manquent et pour vivre il te faut des poumons, sinon tu resteras en dépendance toute ta vie. Et cela t'appartient. Elles, elles peuvent te donner de l'attention, des soins, de l'amour, mais il y a une chose qu'elles ne te donneront jamais, ce sont des poumons que tu n'as pas pour l'instant. Et cela, Natacha, t'appartient à toi, c'est ta capacité à toi d'en développer ou pas. »

Et le plus extraordinaire, c'est que Natacha, qui n'avait donné jusqu'à ce jour aucun signe de vie relationnelle s'est mise à sourire. Les trois personnes présentes qui sont des professionnelles, des chevronnées de quarante-cinquante ans, se sont mises à pleurer. Elles ont été très touchées de cette ébauche relationnelle entre ce petit être végétatif et un adulte qui lui parlait.

Huit jours après, la surveillante du service m'a écrit une longue lettre sur les relations nouvelles qui s'étaient créées à partir de cette rencontre entre Natacha et le personnel. La lettre se terminait par : « Voilà, Natacha est morte cette nuit. Et personne n'avait eu à débrancher l'appareil. » Tout s'est passé comme si cette enfant avait pris la responsabilité de sa courte existence.

« POUR QUE LES MOTS AIENT
DE LA VALEUR, IL FAUT
QU'ILS SOIENT
ACCOMPAGNÉS D'UN
REGARD, D'UNE
INTONATION, D'UN
SENTIMENT, D'UNE
ÉNERGIE. »

M. C. D'Welles.

Je propose fréquemment, en matière de relation, d'une part de visualiser qu'une relation a toujours deux extrémités, d'autre part d'accepter de se responsabiliser à partir de notre « bout » de la relation, c'est-à-dire l'extrémité qui est la nôtre.

Je peux dire à un enfant : « Je suis très inquiet », ou « J'ai peur, mais c'est ma peur, c'est mon inquiétude, ce n'est pas la tienne. » « J'ai le désir » ou « J'aurais plaisir à ce que tu réussisses, mais c'est bien mon désir à moi, mon plaisir mien. »

Car c'est un poids énorme que nous faisons peser sur les enfants en parlant sans arrêt sur eux. « Tu as vu comment tu manges ! » « Tu es insupportable de crier comme cela. » « Tu m'énerves... » Si nous acceptons de dire : « J'ai mal aux oreilles », « Je suis énervé par ce que tu fais ou ce que tu dis », ce positionnement permettra ainsi à l'enfant de se situer, de se définir, d'exister.

Cette femme raconte : « Nous étions mon mari, mon fils et moi à table, et mon mari a fait une réflexion à mon fils : " Qu'est-ce que tu manges salement aujourd'hui ! " Mon fils lui a répondu : " Dis Papa, plutôt que de parler sur moi, est-ce que tu peux me dire ce que tu ressens quand je mange salement ? " »

Cette femme ajoute : « J'ai vu mon mari s'accrocher à la table et j'ai cru qu'il allait se jeter sur mon fils. Puis il a demandé : " D'où sors-tu ça toi ? " Mon fils lui a dit : " J'ai entendu à la radio un type qui parlait sur la communication : *ne laissez pas l'autre parler sur vous mais invitez-le à parler de lui, c'est comme ça qu'on peut communiquer.* " »

Et cette femme poursuit : « Maintenant ils se mettent à parler ensemble. »

Oui, une relation nouvelle s'était créée entre le père et le fils dont elle se sentait, peut-être, exclue.

Nous faisons trop de discours sur les enfants et je vous invite, dans vos relations personnelles ou professionnelles aussi, à ne plus laisser l'autre parler sur vous, à l'inviter plutôt à parler... de lui.

Les enfants devraient apprendre très tôt quelques éléments de base pour pouvoir mettre en commun, c'est-à-dire plus concrètement pour communiquer[1]. Parmi ces éléments, donner la possibilité de nommer les liens, de se différencier, de dire ses sentiments actuels...

Dans les séparations, par exemple, dire à l'enfant que vous quittez votre partenaire et non son père (indiquez le prénom et non le mot *papa* qui a une autre signification pour l'enfant), pour lui permettre d'entendre que c'est le lien amoureux, conjugal qui est rompu, mais non le lien parental.

DANS CETTE DOUBLE
TENTATIVE OÙ L'ENFANT
VEUT ÊTRE RECONNU, ET A
BESOIN DE RECONNAÎTRE
L'AUTRE, L'IMPORTANT
SERA DE BIEN DISTINGUER
CE QUI EST CHEZ L'AUTRE,
CE QUI EST CHEZ MOI. MAIS
RECONNAÎTRE L'AUTRE, ÇA
VEUT DIRE LE
RECONNAÎTRE LÀ OÙ IL EST,
ET NON LÀ OÙ L'ON
VOUDRAIT QU'IL SOIT. C'EST
TOUT LE TRAVAIL DE LA
DIFFÉRENCIATION.

---

1. Je rêve d'un jour où il sera possible d'apprendre les communications vivantes pour des relations en santé... à l'école. Qu'il y ait un jour, dans les programmes, un temps qui donne une place, au même titre que le calcul, l'histoire, la géographie, à l'apprentissage des relations humaines.

Témoignage

« Quand j'ai affaire avec un adolescent, c'est difficile s'il n'est pas d'accord pour reconnaître mes sentiments. C'est ce qui se passe chez moi. Quand je vois mon fils adolescent qui ne téléphone pas, qui ne donne pas de nouvelles, je lui dis que je suis inquiète mais il ne me répond pas. »

Commentaire J.S.

Vous ne vous sentez pas entendue dans votre inquiétude, et vous éprouvez la non-écoute de votre fils comme un malentendu douloureux. Les adolescents doutent beaucoup d'eux-mêmes, ils s'interrogent sur le sens de l'existence, sur leur place au monde. Bien sûr, ils ne sont pas du tout prêts à entendre, en plus, les inquiétudes de Maman ou de Papa.

Mais attention, si on ne nous entend pas, c'est que, très souvent, nous tentons de faire passer nos sentiments chez l'autre : « Si je suis inquiète, tu devrais t'inquiéter de mon inquiétude et donc téléphoner. » C'est cela que vraisemblablement votre fils ne veut pas entendre. Il a suffisamment d'inquiétudes à gérer, dans sa dynamique à lui, sans en plus, prendre celle de sa mère, de son père ou d'un autre membre de la famille.

Beaucoup d'échanges semblent sans issue dans cette période, comme voués à l'échec[1]. Il faudra donc que Maman, Papa, les adultes de l'entourage écoutent en eux-

1. Lire Françoise DOLTO, *La cause des adolescents*, Éd. Aubier.

mêmes leur propre inquiétude devant les changements ou les comportements de leurs enfants. Il serait possible, par exemple, de dire : « Je suis inquiet de ne pas avoir de tes nouvelles, aussi je fais quelque chose pour *mon* inquiétude en t'appelant... et en te parlant de ce que je vis depuis que tu es parti... »

Les témoignages qui vont suivre vont montrer l'énorme difficulté qu'il y a à être entendu « là où je suis », « dans le registre qui est le mien », « à accepter la parole de l'autre comme étant la sienne... et non la mienne »[1]. Il sera rappelé cette évidence qu'il n'y a pas de communication possible sans décentration (provisoire) sur l'autre. Nous répondons souvent trop vite en fonction de ce qui a résonné chez nous et non de ce que l'autre veut nous dire. Le moyen proposé sera de développer dans l'échange une dynamique de confirmation de l'autre. Confirmer signifie « rendre ferme », c'est-à-dire permettre à l'autre d'être davantage lui-même.

Le pouvoir de confirmation est fabuleux... et trop méconnu par les adultes. Nous pourrions, par exemple, commencer nos réponses par le mot « oui », le mot le plus merveilleux de la langue française. C'est un mot sous-utilisé. Un oui de confirmation n'est pas un oui d'accord. C'est donner la confirmation que l'on a entendu l'autre, là où il est, dans ce qu'il vit.

● Avec les enfants, quand ils veulent regarder la télévision tard le soir et qu'il y a école le lendemain, il faudrait dire : « Oui, je sais que tu aimerais regarder la télévision. » Ce n'est pas un oui d'accord, mais un oui de confirmation. Et après, se définir devant eux :

---

1. *Quand il est possible de mettre des mots... ça parle.* Voir en annexe (page 272) ce dialogue possible et réel entre une grand-mère et sa petite-fille.

« J'entends bien que tu veux regarder la télé, mais moi je te demande d'aller au lit. » Je lui parle de ma demande. Habituellement nous ne faisons pas cela, nous disons : « Tu dois aller au lit », nous parlons sur l'autre. Écoutons bien la différence : « je te demande » et « tu dois ». « Je te demande », je parle de moi et je prends le risque qu'il s'oppose. L'opposition permet à l'enfant de reconnaître l'autre comme différent et de se positionner comme différent.

Par la confirmation l'enfant va vous reconnaître. Voilà le paradoxe : si vous parlez sur lui, il ne sait pas où vous êtes. Il ne vous reconnaît pas et il ne se reconnaît pas non plus dans ce que vous dites sur lui. Il est perdu, il n'y a pas de repérage existentiel. Si je me situe devant lui, je lui permets de se situer aussi par la même occasion.

Quand un très jeune enfant en colère frappe sa Maman, il est possible de lui dire : « J'ai mal, oui j'ai mal. Toi aussi, je crois que tu as mal de ce qui s'est passé, de ce que j'ai dit ou fait et tu voudrais que j'aie mal comme toi. »

En lui disant « arrête » c'est comme si on lui disait : « arrête d'avoir mal », c'est insupportable pour lui.

Les relations adulte-enfant sont des relations asymétriques, car l'adulte a le pouvoir, par de multiples moyens, de contraindre un enfant. Les relations de réciprocité sont rares. À un moment donné, quand nous devenons trop puissant pour un enfant, il va s'arranger pour nous saboter, pour nous transformer en mauvais père ou mauvaise mère ou mauvais éducateur, etc. L'exemple le plus classique est celui des parents enseignants.

● L'enfant du professeur de mathématiques va échouer en mathématiques, il va atteindre son père dans le domaine où il devrait être le plus compétent.

Témoignage

« J'ai aussi un enfant adolescent et quand il rentre tard le soir, je lui dis le lendemain matin : " J'ai été très inquiète hier soir, surtout avec la bande de copains que tu fréquentes, je me suis fait beaucoup de soucis. » Il me répond : " C'est ton problème. " »

Commentaire J.S.

Bien sûr le « c'est ton problème » est défensif chez lui et vécu par vous comme une agression. Mais c'est un bon début ! Ce que je conseillerais à cet adolescent c'est de répondre : « Alors tu as fait quelque chose pour ton inquiétude Maman ! » Il a intérêt à faire cela, car sinon sa mère va tenter de lui transmettre son inquiétude. C'est un conseil que je donnerais à tous les enfants : « Vous ne devez plus vous occuper de l'inquiétude de vos parents, mais leur permettre à eux de s'en occuper. »

Il y a un stade d'évolution, dont les manuels de psychologie ne parlent jamais, c'est celui où les enfants acceptent de laisser grandir leur parent tout seul !

> PARFOIS LES PARENTS FONT
> LES ENFANTS, MAIS
> TOUJOURS LES ENFANTS
> FONT LES PARENTS.

Remarque

« Mais qu'est-ce qu'elle lui répond s'il dit : " C'est ton problème. " ? »

Commentaire J.S.

Elle peut reprendre la communication : « Je t'invite à
ne pas parler sur moi. Je ne suis pas en train de parler de
mon problème mais de mon inquiétude. » C'est très
important de recadrer la relation.

« Si mon inquiétude est trop forte je vais te harceler
avec ça. Moi j'ai besoin de parler de ce que j'éprouve à
partir de toi. Voilà, j'ai besoin de m'exprimer là-dessus. »

Le comportement de nos enfants réactive chez nous
nos propres conflits inachevés, des peurs infantiles, des
insatisfactions. Ils soulèvent des conflits au niveau de
l'image de soi comme celle d'avoir réponse à tout, de
savoir tout prévoir, d'être une bonne mère, un bon père,
d'être à la hauteur...

• Votre fils sort avec des amis, qui sont les siens, et qui
vous inquiètent. Le comportement de cet enfant réactive
quelque chose chez vous, qui n'est pas uniquement relié à
ce que vous êtes en tant qu'adulte aujourd'hui, mais qui
vous renvoie peut-être à votre propre adolescence, peut-
être à votre enfance ; mais de cela il sera difficile de parler.
Les adultes ont beaucoup de mal à témoigner (différent
de se plaindre) de leurs propres émois (ils parlent souvent
sur un mode indirect, généralisant, « les jeunes aujour-
d'hui sont... »), de leur vécu, du retentissement en eux
des conduites de leurs enfants. Il y a le risque de
développer une communication irréelle chaque fois « que
je n'accepte pas d'entendre ce que touche chez moi l'autre
par son comportement, et que je parle sur lui au lieu de
me confronter à lui avec tout ce que je suis ». Ce serait
important de pouvoir dire à son fils : « C'est vrai que de

te voir sortir tard le soir réactive chez moi des inquiétudes qui sont liées à mon histoire. »

Tous les enfants sont très « habiles » pour réactiver chez nous ces zones de conflits ou d'ombres, toute cette partie de notre histoire que nous n'avons pas bien affrontée dans notre propre vie... d'enfant.

Combien de conflits ressuscités en nous par la prise de nourriture, par la vêture, par le coucher, dans les actes bénins de la vie quotidienne... ou les loisirs.

Quelles blessures narcissiques, quelles angoisses sont réouvertes en nous par le comportement de tel ou tel de nos enfants ?

Cette personne s'interroge sur la notion de spontanéité

« La spontanéité ça existe quand même, on ne peut pas tout prévoir !

Une personne reste une personne avec tout ce qu'elle est, et les erreurs font parties de la force de caractère de la personnalité de cette personne. »

Commentaire J.S.

Je vous rejoins tout à fait. C'est pour cela que je ne propose pas une relation aseptisée, inodore et sans saveur. Il ne s'agit pas de tout prévoir, de tout anticiper, de programmer la relation. **Soyez ce que vous êtes mais tentez de comprendre ce que vous déclenchez.** Il n'y a pas de bonnes relations, il n'y a que des relations vivantes. Ce n'est pas grave de faire des erreurs, **ce qui est** grave, c'est de maintenir le système relationnel qui entretient l'erreur.

« Une de mes filles, âgée de trente ans, a souhaité partager un événement survenu à l'âge de treize ans, que je n'avais pas du tout vu et duquel j'étais partie prenante. J'avais commis une erreur d'écoute qu'elle avait vécu difficilement, douloureusement. »

Ce n'est pas grave une erreur, le plus grave c'est tout ce temps oublié, perdu dont nous avons besoin pour oser une mise en mots.

Freud nous a appris cela il y a plus de quatre-vingts ans. La souffrance n'est pas dans le traumatisme ou l'événement mais dans l'incapacité de mettre des mots sur le vécu. Rappelons-le sans cesse, c'est le ressenti, le vécu qui domine dans une relation... et c'est souvent le registre le plus méconnu.

> ...IL A FALLU DES SAISONS
> EN SIÈCLES
> INCONCEVABLES,
> DES SAISONS LEVÉES SUR
> LEUR GRAIN
> ET PÉTRIES DU LEVAIN
> DE MA SOUFFRANCE,
> IL A FALLU TOUT L'ESPACE
> VIF DE L'AMOUR
> AVANT QUE JE RENONCE,
> QUE JE M'ABOLISSE
> AU DEVENIR D'AIMER...
> OLYMPIA ALBERTI.

Quand un homme met la main sous la jupe d'une petite fille, le traumatisme le plus durable n'est pas dans l'acte lui-même, il sera dans le silence qui le prolongera, si cette petite fille ne peut mettre des mots sur son vécu, si elle ne peut en parler et être entendue par quelqu'un de proche, de significatif pour elle.

Je repense à une toute jeune fille. Elle était en quatrième et le professeur principal avait dit aux parents : « Votre fille marche très bien dans toutes les matières, il faudrait la changer d'établissement pour la mettre dans un lycée où elle pourra faire le cycle scientifique et mathématiques. » Les parents très fiers ont suivi l'avis du professeur. Plus tard, bien plus tard, elle dira à ses parents : « Cette année-là j'ai fait une primo-infection, j'ai dû quitter ce nouveau lycée pour aller quatre mois en préventorium. C'est maintenant que je comprends ce qui m'est arrivé parce que aujourd'hui je vais changer de travail et cela réactive en moi cette situation ancienne. J'étais très bien dans cette classe de quatrième, j'avais tous mes amis, c'était chaud, et je me suis retrouvée dans une classe de " petits-bourgeois " sans connaissances, sans amis, complètement déboussolée, dans un désert relationnel épouvantable. Et tout cela avec votre bénédiction. »

Cette ex-petite fille exprime bien ainsi l'aveuglement du monde des adultes rationalistes qui n'ont pas entendu, dans leur décision logique, tout l'impact émotionnel, affectif, physiologique que pouvait avoir le déracinement d'une enfant... pour raison de réussite scolaire !

Quand nous transplantons un arbre... nous prenons soin de préparer le terrain qui va accueillir l'arbre !

L'éducation familiale n'est souvent qu'une série d'erreurs et de maladresses associées à beaucoup d'amour et de bonnes intentions. Il ne s'agit pas pour autant de se culpabiliser et de se paralyser face à des décisions à prendre. Il s'agit plutôt de rester sensible à tout l'impact de nos actes et de nos paroles dans la sensibilité, dans l'imaginaire et le symbolisme du vécu de tout enfant. Favoriser l'expression de ces différents niveaux est une des tâches « parentales ». Que cette tâche soit remplie par les parents directs ou par les accompagnants. Notre responsabilité est de rester vigilant pour mieux comprendre le système dans lequel nous nous coinçons et coinçons l'autre, de commencer à le démystifier en mettant des mots dessus.

Pour revenir à la notion de spontanéité, ma position est très différente de celle de la plupart des gens qui m'entourent. La spontanéité est une fiction facile que nous créons comme une sorte de référence comportementale idéalisée. Ce que nous appelons spontanéité n'est que la somme de nos conditionnements culturels et éducatifs reçus tout au long de notre histoire infantile. « Je parle avec ma femme, nous sommes sur le divan et manifestement nous sommes en désaccord, mais je n'ai pas envie de gâcher ma soirée, pas envie " spontanément " de lui faire de la peine parce que je l'aime, donc je me tais, je laisse faire. Mon fils arrive dans le salon en faisant du bruit et je lui dis : " Arrête de faire l'idiot, on ne s'entend plus ici " et je lui donne une gifle. À qui croyez-vous que je donnais la gifle ? À ma femme qui m'irrite en ne voulant pas entrer dans mon point de vue ou à moi-même car je m'en veux de ma passivité peut-être ! et qui la reçoit ? mon fils. Je crois que nous confondons spontanéité et impulsivité. Nous assimilons l'aspiration à des comportements simples, naturels, " spontanément harmonieux " avec des conduites réactionnelles chargées de toutes les peurs et les frustrations de notre histoire.

Ce que j'ai appelé pendant longtemps ma spontanéité n'était au fond que la somme de mes réactions qui

n'avaient rien de spontané et qui étaient liées à l'éducation que j'avais reçue, à mes mythologies personnelles.
J'ai cru durant longtemps qu'il fallait faire plaisir à
l'autre, je croyais qu'il ne fallait pas lui faire de peine, en
répondant à ses attentes, en ayant les mêmes opinions et
que je serai, ainsi, plus aimé de lui. Voilà ce qu'était ma
spontanéité à moi. J'ai découvert plus tard que c'était
simplement un conditionnement par rapport à mes
inhibitions, à mes peurs d'être rejeté. »

Il y a donc des enfants, des personnes qui, en termes
relationnels, « spontanément » se soumettent, s'ajustent,
recherchent l'approbation à tout prix, le moindre conflit
les déstabilise. Et d'autres qui, « spontanément », s'opposent, créent le conflit. Je crois qu'il conviendrait de
dépasser ces « spontanéités » en acceptant de sortir de ce
double système relationnel : la soumission ou l'opposition, la pseudo-acceptation ou la fuite et le refus pour
tenter de développer (et cela n'a rien de spontané, c'est
une vigilance de tous les instants), de développer, dis-je,
des relations d'*apposition*. Oser se confronter à autrui en
donnant son point de vue (ce qui ne veut pas dire
l'imposer), en témoignant de ses désirs, de ses attentes, de
ses différences. S'*apposer* plutôt que s'*opposer* voilà une
démarche qui nous fera passer « spontanément » du
réactionnel au relationnel.

Dans un autre témoignage cette mère dira

« Ma petite fille dans le bain giclait de l'eau sur sa petite
sœur qui était dans la même baignoire et qui pleurait. Je
lui ai dit : " Ta petite sœur n'aime pas ça. " Elle a
continué. Je suis revenue avec une tasse d'eau froide et,

avec ma " spontanéité " j'ai jeté la tasse à la figure de ma
fille. Je suis sortie de la salle de bains, puis je suis revenue
et j'ai dit : " Tu es fâchée ? " Elle m'a répondu : " Non,
pourquoi Maman ? " Je lui ai dit : " Je ne suis pas très
contente de ce que j'ai fait. " Ma petite fille répond :
" Mais non Maman, je vais très bien, n'en parlons plus. "

Commentaire J.S.

Mon commentaire, madame, se fera à plusieurs
niveaux :
Celui des faits, du ressenti (vécu de l'une et de l'autre)
et du retentissement.
Voilà donc deux petites filles dans le bain, et si l'une
arrose l'autre, c'est qu'elle a quelque chose à dire
puisqu'elle utilise un langage non verbal, peut-être une
agression ou un jeu. Mais la mère privilégie dans son
écoute la petite qui pleure et parle sur l'aînée (sans
l'entendre, en niant ainsi que cette dernière... parle !)
alors qu'elle aurait pu demander à l'aînée : « Qu'est-ce
que tu tentes de dire en envoyant de l'eau sur ta sœur ? »
Entrer en relation, c'est se relier à l'autre quel que soit
le langage employé pour parler, quelle que soit la
situation proposée.
Dans cette situation, la communication est pervertie
quand nous ne reconnaissons pas les « passages à l'acte »
sur soi et sur autrui (les violences et les agressions en
particulier qui nous gênent beaucoup) comme des langages. L'aînée en « giclant » la plus petite a quelque chose
à dire, si elle n'est pas entendue elle redoublera de
violence pour tenter de se faire entendre.
Quand elle dira plus tard « que tout va bien » elle est

entraînée à nier ses sentiments réels, car cela lui a sûrement fait quelque chose de recevoir une tasse d'eau froide. Je peux vous assurer que cette petite fille tentera quelque chose dans la soirée ou le lendemain pour sortir de ce conflit interne où elle a été conduite à faire comme si la réaction agressante (la tasse d'eau) de la mère était banale, sans conséquence pour sa propre affirmation.

Il serait possible de revenir vers elle pour lui dire : « Je crois que tu disais quelque chose d'important en arrosant ta sœur, je ne l'ai pas entendu car j'ai voulu protéger la plus petite... »

Simplement oser mettre en mots le vécu, il ne s'agit pas de dramatiser les relations mais de sortir du réactionnel qui nous fait passer trop souvent à côté de l'essentiel, pour aller vers un peu plus de relationnel.

> JE ME DEMANDE POURQUOI
> ON CHERCHE PRESQUE
> TOUJOURS UNE RAISON
> VALABLE AUX ACTES D'UN
> ADULTE, ALORS QUE CEUX
> DES ENFANTS OU DES
> ADOLESCENTS SONT
> SOUVENT SI MAL
> INTERPRÉTÉS.

Ce témoignage bouleversant apporté par une participante après une session de formation

« Le puzzle de ma vie lentement se reconstitue, de manière souvent anarchique, imprévisible, mais il suffit parfois d'un morceau resurgi des tréfonds de la mémoire pour que soudain l'ensemble prenne forme et sens... C'est ce qui m'est arrivé de manière fulgurante, comme une révélation si profonde qu'on pourrait la qualifier d'existentielle !

L'autre matin, alors que j'étais dans une cabine en train de téléphoner, soudain j'ai eu une " illumination ". J'ai enfin compris (pas avec ma tête, mais avec mes " tripes ") pourquoi depuis tant d'années je me sens sale. À certains moments cela devient insupportable, j'ai beau prendre des douches, me laver les cheveux, me changer, à peine rhabillée, ça recommence. Impossible de me laver de cette saleté-là. Le mal est ailleurs, mais où ? Je rêve d'eau, de rites de purification. Mais de quoi ai-je tant besoin de me laver ?

Depuis des années et des années je cherchais et je ne trouvais pas. Et soudain en raccrochant le téléphone dans la cabine l'autre matin, j'ai su. Révélation foudroyante qui a libéré instantanément un flot de larmes silencieuses, mais si abondantes !

Il suffit de regarder comment je m'appelle pour comprendre. Je m'appelle Jeanne Lassalle !... il suffisait d'y penser. Ça c'est mon nom de mariage, celui que j'ai gardé après mon divorce pour que les enfants aient le même nom... que moi !

Et puis j'ai regardé, écouté le nom de mon père — " Pinetal " — et a resurgi de manière imprévisible et foudroyante une scène. J'avais six, sept ans, j'étais à l'école communale et on se moquait de moi, " Pine, Pine... et qu'elle est pine... "

Ce que c'est que la pine ? Le sexe, mais pas n'importe lequel ! C'est, dans mon imaginaire en tout cas, un sexe gonflé et turgescent, le sexe des exhibitionnistes et des violeurs, peut-être aussi le sexe de mon père finalement ! même s'il n'était pas toujours présenté sous cette forme.

Maintenant je comprends pourquoi j'ai toujours eu

l'impression de flotter, de n'être nulle part, de ne pas exister, pourquoi, petite fille, mon plus grand rêve était de vivre mais d'être invisible.

Le nom, c'est l'identité, mais à quoi me relier ?

— À Jeanne ? difficile, c'est ainsi qu'on m'appelait pour recevoir des raclées, autrement c'était Jeannette quand on me demandait quelque chose à faire.

— À Pinetal ? avec Pine dedans, impossible.

— À Lassalle ? impossible aussi.

Mais là je dois plus creuser et mieux savoir ce que le " sale " de dix-neuf ans de mariage veut dire ! Le mensonge sans doute, la trahison de mon être profond jusqu'à l'éclatement.

Comme maintenant je comprends mieux mon histoire et aussi pourquoi j'ai toujours voulu tellement reprendre le nom de mon vieux grand-père à barbe douce et blanche. Lui, au moins, avait un nom propre !

Ce n'était pas seulement parce qu'il était adorable, plein de compréhension et de douceur. Maintenant je comprends, c'était pour une raison bien au-delà de tout cela : pour ne plus porter, montrer dans mon nom, c'est-à-dire à la vue de tous, ce que mon père était (ou avait).

C'est quand même incroyable d'avoir un père exhibitionniste qui s'appelle Pinetal, non ?

Comme je comprends mieux maintenant... sans doute est-ce tout cela qui me colle à la peau et qui fait que je me sens si sale. Peut être est-ce aussi pour cela que je ne peux retenir les noms propres, comme si nommer, c'est-à-dire faire exister, n'était pas possible.

Tout plein de petites choses comme celles-là convergent maintenant dans le même sens. Comme ce nouveau regard éclaire tout et comme je me sens transformée par cette découverte même si pour l'instant je ne sais encore qu'en faire... »

C'EST L'ABSENCE DE MOTS
QUI PROVOQUE LES
BLESSURES INCURABLES.

Témoignage

« Ce n'est pas très facile quand un enfant n'est pas encore à l'âge du langage.

Je donne un exemple : je me suis trouvée dans un groupe d'enfants de un an et demi-deux ans. Et là, une des enfants, la plus petite du groupe, avait pour habitude d'aller prendre les jouets des autres. Et les adultes intervenaient sans arrêt : " Non, arrête. " J'ai décidé de suivre cette petite fille et quand elle arrivait vers un enfant pour prendre son jouet, je demandais à l'enfant s'il était d'accord de prêter son jouet, il disait non et ainsi de suite, jusqu'au moment où ayant fait la tournée de tous les enfants du groupe, la petite fille a pris un jeu dans la caisse à jouets. Je n'ai pas compris ce qu'elle essayait de dire en voulant s'emparer des jouets des autres, j'ai simplement aidé les autres à exprimer leur position sans déclencher d'interdits ou de refus. »

Commentaire J.S.

Vous avez fait quelque chose d'important, vous l'**avez accompagnée.** Vous vouliez comprendre ce que cette petite fille tentait de dire « en s'emparant » des jouets des autres. Sans vouloir vous choquer, ne passez pas trop d'énergie à essayer de comprendre, mais entrez directement en relation en vous reliant à l'enfant. En faisant cela vous êtes entrée en communication et vous avez modifié la relation de cette petite fille avec son entourage. Ça c'était déjà important, mais il aurait peut-être été possible d'aller plus loin en disant, même si cette petite fille ne parle pas : « Je crois qu'en allant chercher les jouets chez les autres, tu tentes de me dire quelque chose, je ne sais pas ce que tu tentes de dire. »

Un des paradoxes les plus difficiles à vivre dans la communication, c'est d'accepter de ne pas comprendre. D'avoir cette sorte d'humilité de garder la relation avec l'autre même quand je ne comprends pas ce qu'il tente de dire avec son comportement et d'oser mettre des mots qui vont le relier au monde qui l'entoure, à travers mon accompagnement. Mettre en mots plutôt que mettre en cause la personne.

Nous introduisons des paralysies relationnelles ou de faux échanges quand nous tentons de contrôler un enfant en « expliquant son comportement » ou en demandant une explication, avec la fameuse question : « Pourquoi as-tu fait cela, explique-moi[1]... » Le « pourquoi » est le grand mot qui revient toujours dans les interrogations des adultes.

« Pourquoi il prend les jouets des autres ? »

« Pourquoi il mord ? »

« Pourquoi il ne fait jamais ce que je lui dis ? »

« Pourquoi il fait semblant de ne pas comprendre ? »

À travers le « pourquoi et la recherche d'explication » nous cherchons le point d'appui pour « bien faire ». Avec des jeunes enfants ce point d'appui tant désiré se dérobe sans cesse. Le même comportement peut avoir cent significations différentes suivant la séquence d'interac-

---

1. Disons-le tout de suite, cette question « pourquoi » serait à bannir de tous nos échanges. Jetez vos pourquoi à la poubelle et introduisez plus l'invitation à se dire, par exemple : « Oui, tu veux dire quelque chose en tapant ou en mordant ton frère... »

tions dans laquelle il se passe. Nous voulons « bien faire » au lieu d' « être ». Nous mettons trop d'énergie dans le « faire » et pas assez dans « l'être ». Et une façon d'être c'est de ne pas faire.

Oui, aussi désorientant que cela puisse paraître. Si je m'identifie au « bien faire » l'enfant n'a plus de référence claire en face de lui. Il a une réponse de l'environnement qui lui donne le sentiment qu'il est mauvais, inadéquat. Mais lui, sait bien que ce qu'il « fait »... dit quelque chose d'important.

Quand un enfant pose un acte, il s'exprime ou tente de communiquer. C'est cela le grand jeu de l'apprentissage difficile de la communication dont les règles nous échappent car elles varient avec chaque enfant.

Il y a une collusion trop fréquente entre expression et communication, qui, d'ailleurs, va durer chez beaucoup d'adultes confondant l'acte de communiquer et celui de s'exprimer.

> ● **S'exprimer :** c'est sortir quelque chose du dedans et le proposer à l'extérieur. C'est poser un acte d'affirmation, une demande de reconnaissance.

> ● **Communiquer :** c'est établir une mise en commun. C'est se relier. C'est dire à l'autre : « Voilà comment je te vois. Voilà ce que tu provoques en moi. »

Comme accompagnant, j'inviterai l'enfant à passer de l'expression à la communication en m'appuyant sur le comportement non pour le censurer mais pour le prolonger vers un récepteur possible, le mien par exemple ou celui d'une personne significative pour l'enfant.

Il faut un regard pour que l'expression artistique

devienne de la communication. Quand vous regardez les *Tournesols* de Van Gogh, vous ne voyez pas uniquement des tournesols, mais le regard de Van Gogh sur ces tournesols, il y a une communication justement par ce regard-là.

Quand vous écoutez Mozart, vous n'écoutez pas une succession de notes, mais les enthousiasmes, les élans, les tristesses ou les amours de Mozart, qu'il dit dans sa musique avec la fragilité de quelques notes. Vous entendez surtout ce que ces sentiments, ces émotions traduites avec des sons disent des vôtres. Une communication passe.

Témoignage

« Dans un groupe, j'avais un nouveau qui était très agressif. J'avais de la peine avec lui au début. Puis je lui ai dit : " J'entends ton agressivité ", et je lui ai proposé un coussin pour taper dessus. Quand il avait besoin de taper, il pouvait taper sur le coussin. »

Commentaire J.S.

Vous avez fait, madame, quelque chose d'essentiel, car tout ce qui relève de l'agressivité a surtout besoin, d'une part d'être libéré (ma grand-mère disait : « ex-merdé »), et d'autre part d'être entendu. Si nous acceptons que l'agressivité est un comportement réactionnel qui tente de dire autre chose que de la violence. L'agressivité est un langage, et trop fréquemment un langage-écran. L'agressivité sert souvent à masquer ce qui a été réellement blessé, ce qui a été profondément touché et qui reste trop douloureux pour être reconnu de suite. L'agressivité est donc ce que j'appelle un sentiment-écran qui cache la peur, la douleur, l'impuissance... tout en la provoquant chez l'autre [1].

Un enfant vous demande si vous serez présent la semaine prochaine (semaine des vacances de Noël par exemple). Vous répondez que vous êtes en congé. Aussitôt l'enfant se déchaîne : « Oui, vous n'êtes jamais là, toujours en vacances, à vous reposer... vous ne faites rien de toute la journée, vous n'êtes jamais là quand on a besoin de vous... »

Peut-être vous dit-il (et cache-t-il se faisant) son désarroi ou sa peine. Il aurait souhaité votre présence pour cette semaine de tendresse possible qu'aurait pu être la semaine de Noël...

Nous pouvons, avec les très jeunes enfants et les autres, tenter de les rejoindre au-delà des sentiments-écrans, dans leurs sentiments réels... en ne nous laissant pas abuser par ce que provoquent en nous les sentiments-écrans !

Combien de moments pouvons-nous nous gâcher quand nous accueillons l'autre avec violence ou reproches alors que nous avons une demande... avec la peur d'être déçu. Aujourd'hui je ne me laisse plus entraîner dans ce cycle et je tente d'entendre au-delà des apparences. Surtout quand il s'agit d'agressivité, de colère, il y a souvent une demande et une peur derrière.

---

1. Vous entendrez d'ailleurs ce que dit l'agressivité... en écoutant ce qu'elle provoque au profond de vous.

Questionnement

« Une participante veut faire préciser les responsabilités de chacun : de celui qui arrive en retard par exemple à un rendez-vous et de celui qui s'impatiente et s'irrite d'attendre. »

Commentaire J.S.

Oui chacun est responsable de ce qu'il éprouve et des conséquences de son comportement.

- L'un, de sa culpabilité, de sa gêne à être en retard.
- L'autre de sa déception, de sa frustration au retard du premier.

Sinon se développe ce que j'appelle le terrorisme relationnel des attentes implicites. Chacun d'entre nous a des attentes, des expectatives non dites, des exigences « évidentes » dans lesquelles l'autre devrait entrer. Nous voulons trop souvent imposer à l'autre notre ressenti, nos croyances ou nos convictions... et nous croyons mieux l'aimer s'il les fait siennes.

Questionnement

Quelqu'un pose le problème du décalage d'expression entre deux adultes vis-à-vis des enfants :

« Quand l'un des parents reste ouvert, discute et que l'autre reste silencieux, rigide sur des positions acquises. »

Commentaire J.S.

Ce qu'il ne faut pas oublier c'est que les enfants sont parfois le symptôme « visible » de conflits, de non-dits parentaux.

Mais ce qui est sûr, c'est que chacun des parents parle à sa façon, l'un avec une attitude réceptive, stimulante, peut-être, l'autre avec des refus, des blocages. Ils communiquent... en utilisant deux codes très différents. Le piège possible, c'est que parfois les parents « communiquent » à travers l'enfant. Les interventions qu'ils posent sur lui traduisent ce qu'ils ne se disent pas directement. Ils parlent d'eux sur lui.

Je puis ajouter combien c'est stimulant quand les parents ou les adultes peuvent témoigner devant l'enfant de leurs positions différentes face à telle ou telle question. « C'est vrai je n'ai pas le même point de vue que ton père sur les sorties du soir, pour chacun de nous cela représente des choses différentes, nous pouvons en parler tous ensemble... »

Pour les enfants, je crois qu'il faut remplacer la pédagogie de l'étau (« se mettre à tout prix d'accord », nier ses différences ou cacher ses divergences) par la **pédagogie de la différenciation,** celle qui permettra de se signifier face à l'enfant comme différent. Je redoute les parents qui, discutant le soir dans leur lit se disent : « Tu es bien d'accord avec moi pour ne pas le laisser sortir. » Quand l'un tente de faire passer ou d'imposer ses sentiments chez l'autre, voilà ce que j'appelle **la pédagogie de l'étau.**

La pédagogie de la différenciation sera difficile à mettre en œuvre dans une équipe multidisciplinaire ou homogène et cependant ce serait un des objectifs à rechercher pour proposer à l'enfant un éventail de confrontations possibles. Quand chaque adulte, dans une équipe, peut donner sa position, son point de vue, peut définir l'attitude qu'il souhaite et qu'il peut avoir. Combien de temps est perdu en réunions[1], en colloques pour tenter de se mettre d'accord, d'avoir un point de vue commun, de vouloir imposer à l'enfant une image « cohérente », « unifiée » et « ferme ». La richesse du travail d'équipe est justement dans le reflet de ces différences. Et la maturité d'une équipe est proportionnelle à sa capacité d'intégrer des points de vue et des positions suffisamment différenciés sans pour autant déboucher sur l'incohérence ou le laisser-faire.

Travailler en équipe ce sera mettre en commun nos différences plutôt que de chercher un pseudo-accord. La vitalité d'une équipe se mesurera à sa capacité de trouver une cohésion interne dans la rencontre des ressources.

Sur le plan parental, cela voudrait dire que chacun des deux parents pourrait à la fois affirmer son point de vue... et témoigner de celui de l'autre.

Si le père dit : « Je suis furieux contre toi. Je ne suis pas d'accord pour te donner de l'argent de poche car je n'accepte pas que tu aies volé dans un magasin. Mais je sais que ta mère a un autre avis et je t'invite à aller la voir pour entendre aussi son point de vue. »

Quant à la mère, elle pourrait dire : « Écoute, moi je suis d'accord pour te donner l'argent de poche. Je sais que tu as vu ton père, tu sais donc qu'il a un point de vue différent du mien. Il n'est pas du tout d'accord pour te donner de l'argent, nous en avons parlé. Pour des raisons

---

1. La « réunionite » qui sévit dans beaucoup de maisons ou d'établissements pour enfants.

qui lui appartiennent il désire te sanctionner de cette façon, mais moi je souhaiterais que tu aies cet argent de poche et je te le donne. Nous trouverons ensemble lui et moi une autre sanction. »

Le père peut ainsi confronter son attitude (rigide), à celle de la mère plus souple.

Je prétends que c'est possible. La pédagogie de la différenciation est fondée sur ma capacité à affirmer mon point de vue et à témoigner aussi du point de vue de l'autre.

Je prétends également que cette attitude différenciée va structurer l'enfant. À condition que soit nommée ou énoncée la position de chacun des partenaires. **Sans antagonisme,** par une mise en Apposition, par une parole qui circule. Ce n'est pas le cas la plupart du temps. Nous avons le plus souvent des positions différentes que nous vivons comme antagonistes et incompatibles. Nous ne mettons pas une parole claire, suffisamment différenciée là-dessus et nous allons témoigner réactionnellement devant l'enfant de nos divergences. C'est de cela que l'enfant va souffrir.

La pédagogie de la différenciation suppose une alternance des positions « oblatives » ou permissives. Car si c'est toujours le même qui donne et toujours l'autre qui refuse, c'est que vraisemblablement il y a un problème de lutte de pouvoir entre les parents. À ce moment-là, il vaudrait mieux régler le problème, non plus au niveau « argent de poche » ou « sortie » mais au niveau de la compétition dans le couple. Compétition qui pourrait s'exprimer ainsi : « Qui a raison sur qui ? »

Comme adultes nous avons des tolérances différentes. Il est important que l'enfant le sente (pour l'un c'est la nourriture, la propreté, pour l'autre c'est tout l'imaginaire au niveau de la réussite scolaire ou pour les loisirs). Nous touchons ici du doigt un point fondamental qui est la différenciation des sensibilités, des zones d'intérêt et des points d'impacts de nos tolérances éducatives et donc de nos conduites. Il est plus important de témoigner devant les enfants plutôt de nos positions différentes que d'un pseudo-accord.

Questionnement

« Dans les garderies, crèches et jardins d'enfants comment peuvent s'accorder toutes ces différences ? »

Commentaire J.S.

Dans les interrelations du type professionnel il serait nécessaire que les personnes clés d'une institution soient claires sur le choix de stratégies relationnelles. Ou il est privilégié des relations de type autoritaire, de type autocratique ou manipulatoire avec renforcement du pouvoir hiérarchique qui ne permettent pas une pédagogie de la différenciation. Ou alors il est privilégié des attitudes de type coopératifs, participatifs, favorisant justement par la différenciation, par la mise en commun des différences, l'engagement, la responsabilisation et la créativité de chacun.

Ainsi chaque membre d'une équipe peut s'appuyer sur les compétences, les sensibilités ou les ressources différenciées de chacun. Dans ce dernier type, il n'y a pas de modèle, pas de vérité éducative énoncée à l'avance, mais la mise en commun de possibles autour d'un noyau minima de points d'accord.

L'image qui me vient est celle d'une marguerite. Une plate-forme centrale et des pétales symbolisant les ressources spécifiques de chaque membre.

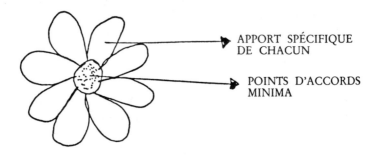

APPORT SPÉCIFIQUE
DE CHACUN

POINTS D'ACCORDS
MINIMA

J'appelle relation de collaboration une relation où je suis amené à me signifier comme ayant un point de vue propre, acceptable par l'ensemble de l'équipe et des attitudes, des ressources, des conduites différentes de celles des autres partenaires. Pour moi, travailler en équipe c'est ne pas chercher à être d'accord et au contraire accepter de mettre en commun nos différences et de s'appuyer sur elles. Je vous invite à sortir de cette mythologie, de cette utopie qui consiste à croire que travailler en équipe c'est avoir le même point de vue à tout prix. Une équipe sera d'autant plus dynamique qu'elle accepte le pluralisme des points de vue, la polyvalence des interventions à condition, toutefois, d'être capable d'en témoigner devant l'ensemble des partenaires et de permettre à chacun de ses membres de gérer les conséquences de sa conduite.

● **Dans cet exemple, il y avait conflit dans l'équipe :**

« Cela se passe dans une crèche-garderie. Dans une équipe de cinq jardinières d'enfants, il y en a quatre qui ne veulent pas que les enfants aillent aux toilettes pendant le goûter. Mais un des membres ne voit pas d'inconvénient à ce qu'un enfant puisse aller aux toilettes quand il le désire. Il y a un conflit dans cette équipe. Le conflit n'est pas dans le fait que l'on interdise ou non à l'enfant d'aller aux toilettes pendant le goûter. Le conflit est que les quatre personnes voudraient que la cinquième soit du même avis qu'elles. »

Plus une équipe est fragile et immature... moins elle tolère en son sein de différences. Comme si toute « déviance » d'une norme implicite était une menace pour l'ensemble. Quand les membres d'une équipe se sentent confirmés mutuellement dans leur particularisme, ils peuvent accepter que certains puissent avoir un point de vue différent[1]. Ils peuvent également accepter de les voir gérer (se responsabiliser) les conséquences issues de leur attitude. Celui qui donne la permission gère les conséquences de son autorisation.

LA PÉDAGOGIE DE LA
DIFFÉRENCIATION EST
POSSIBLE QUAND CHAQUE
MEMBRE NE SE SENT PAS
MENACÉ PAR L'ALTÉRITÉ DE
L'AUTRE, QUAND CHACUN

---

1. Nous pouvons entendre à travers cet exemple que la majorité de l'équipe éducative souhaiterait que l'enfant apprenne à anticiper ou à contrôler ses besoins et que, peut-être, elles craint d'être débordée par l'irruption d'autres besoins... si elle ne contrôle pas activement celui-là !
À travers le contrôle sur la propreté se jouent de nombreux autres enjeux éducatifs. Il y a toujours, dans une équipe, des points de fixation qui se répercutent en termes de rigidité ou d'uniformité.

EST CAPABLE DE
TÉMOIGNER DE SON POINT
DE VUE DEVANT L'ENFANT
ET DE TÉMOIGNER DU
POINT DE VUE DE L'AUTRE.

C'est, trop souvent, une relation de type autocratique qui va être proposée : « Écoute si tu es différent de nous, il faut que tu ailles voir ailleurs, tu ne peux pas continuer à travailler ici. » (Celui qui se sent différent risque d'être exclu et l'équipe s'appauvrit d'un élément stimulant par rapport aux habitudes, aux routines acquises.) Remarquez bien l'expression « TU NE PEUX PAS ».

Dans ce dernier cas, j'invite à ne pas se laisser emporter dans des rapports de force et d'accepter plutôt de témoigner : « Je n'ai pas l'intention d'aller travailler ailleurs, je témoigne d'une position éducative différente de la vôtre. La question va être : supportez-vous la différence ? Ou, mon attitude vous est-elle tellement insupportable que vous allez me mettre à la porte ? Moi, je ne partirai pas. Je vous invite à écouter ce qui est insupportable chez vous : mon point de vue ou le fait que les enfants ne doivent pas aller aux toilettes pendant le goûter ? Ce qui est insupportable c'est le désordre introduit, le déséquilibre ouvert dans une situation déjà maîtrisée. »

Ce type d'échange paraît impossible dans beaucoup d'équipes, c'est dommage.

> TRAVAILLER EN ÉQUIPE,
> C'EST PARTAGER CETTE
> RICHESSE INCROYABLE
> APPORTÉE PAR LA MISE EN
> COMMUN DE PERCEPTIONS
> DIFFÉRENTES OU PAR DES
> CONDUITES VARIÉES.

Bien sûr, si ma collègue gifle sans arrêt les enfants et que mon propre seuil de tolérance est atteint, je vais lui dire : « Stop, si tu frappes les enfants, je me sens concerné, je n'accepte pas cela. » J'aurai ce que j'appelle un conflit ouvert et j'inviterai cette collègue à s'exprimer en réunion, non pour discuter « s'il faut frapper ou non les enfants », mais de ce que cet enfant-là déclenche en elle pour qu'elle ne puisse s'empêcher de le frapper.

C'est vrai qu'à ce moment-là, nous risquons d'atteindre un seuil et une limite à la communication. Nous pouvons toujours améliorer la communication en termes de communication, nous pouvons toujours améliorer les relations personnelles ou professionnelles mais il y a une limite, c'est quand nous touchons à la « pathologie personnelle ». Ne craignons pas ce mot un peu fort. Notre « pathologie », c'est un déséquilibre, un disfonctionnement réactivé, chez chacun d'entre nous, quand la conduite ou la façon d'être d'un enfant touche en nous quelque chose d'insupportable et surtout de caché ou de non conscient. La conduite-réponse la plus habituelle de l'adulte est, soit l'agression, soit le rejet. C'est la façon dont il se protège de l'impact, du retentissement « déclenché » par l'enfant ou encore par la conduite d'un collègue. C'est pour cela que je propose fréquemment dans les institutions **la création de réunions de régulation, de co-conseils** où seront partagées et mises en commun l'expression et la clarification de ce qui est touché ou blessé en nous.

Je le répète encore, dans certaines équipes très normatives, très « pédagogistes » ces réunions n'ont pas lieu et sont remplacées par des colloques de type organisationnels. L'atmosphère de ces équipes est souvent tendue, formaliste, violente, et le seuil de répression adultes-adultes et adultes-enfants est élevé. Les exclusions et la marginalisation de certains membres y sont fréquentes.

Témoignage

« Moi je trouve qu'il est toujours possible d'en parler, ça ne veut pas dire que l'on est obligé d'accepter ou d'être d'accord. Si une éducatrice, parce que ça réveille quelque chose de très fort en elle, est obligée de frapper un enfant, je peux la comprendre, mais ça ne veut pas dire que je vais l'accepter. Donc il va se passer quelque chose par rapport à cela. Pour moi, dans une équipe, il peut y avoir une diversité mais pas de divergences. »

Commentaire J.S.

Nous touchons là un point sensible qui sera fonction de la *maturité de l'équipe* à absorber, à réguler les retentissements excessifs soit du comportement des enfants, soit des réactions émotionnelles des adultes.

Les divergences entre adultes touchent à notre propre seuil de tolérance. Je le redis, travailler avec des enfants, c'est sans arrêt prendre le risque de voir se réactiver en nous, justement, nos intolérances vis-à-vis d'un certain nombre de situations qui ne sont pas claires. Dans quelle position, madame, êtes-vous ? Celle qui donne la gifle ou celle qui ne supporte pas la collègue qui donne la gifle ?

Réponse

« Celle qui ne supporte pas que sa collègue donne la gifle. »

Commentaire J.S.

Cela veut dire au moins deux choses :

1 — Que votre collègue résout peut-être ses problèmes avec des passages à l'acte. Il faudra consacrer un certain nombre de réunions ou des

supervisions individuelles pour l'aider à prendre conscience de ce qui est touché chez elle (ou lui). On va peut-être s'apercevoir qu'elle n'est pas du tout à sa place dans cette structure-là. Vous n'allez pas la mettre à la porte, mais vous allez la confronter avec « le prix qu'elle aura à payer » en termes d'énergie, d'investissement personnel pour faire face aux situations éducatives, à ce type d'enfants ou encore aux objectifs de l'établissement.

2 — Que cette gifle donnée touche quelque chose chez vous. Il vous appartient d'écouter ce qui est touché... chez vous, par le comportement de cette collègue. À quel endroit de votre histoire cette gifle vous rejoint-elle ?

Dans un autre ordre de situation, il y a des nourrices qui sont très à l'aise avec des enfants de zéro à deux ans, elles ne sont pas du tout débordées, tout va bien. Puis, quand les enfants grandissent, vous voyez ces nourrices complètement déstabilisées, qui ne supportent plus l'affirmation, le mouvement, le goût de l'autonomie des enfants et ça va être catastrophique pour eux. Eh bien, cela veut dire qu'il faut éviter de confier des enfants au-delà de trois ans à ces nourrices-là. Nous devrions accorder plus d'attention à nos zones d'intolérance, à nos seuils de tolérance.

« JE SUIS PLUS JEUNE QUE TOI »,
DIT LE PETIT JULIEN ÂGÉ DE CINQ ANS À SON GRAND-PÈRE.
ET LE GRAND-PÈRE DE RÉPONDRE :

« OH, MOI AUSSI JE SUIS
JEUNE MAIS DEPUIS PLUS
LONGTEMPS QUE TOI. »

Il faudrait découvrir et accepter de reconnaître qu'il y a des éducatrices de la petite enfance bien adaptées et efficientes pour une tranche d'âge et d'autres plus démunies, plus menacées et donc plus réactionnelles avec la même tranche d'âge. Voilà à quoi va servir la supervision de l'équipe. Il ne s'agit pas de mettre en accusation, mais, une fois de plus, d'accepter de mettre des mots sur ce qui s'agite en nous et de rechercher une plus grande lucidité et une plus grande cohérence à l'action de chacun.

« MOI JE NE SAIS PAS DIRE NI
ÉCRIRE LES CHOSES, JE
PARLE AVEC MON CORPS ! »
MAURICE BÉJART.

Je fais une parenthèse : si une équipe prend ses décisions à la majorité[1], elle favorise l'établissement des rapports de force et des oppositions, donc le risque de sabotages relationnels, de communications indirectes.

Chaque fois que cela sera possible, je propose d'essayer de dégager un consensus, une dominante qui émerge dans l'équipe, en respectant les points de vue minoritaires. Viser plutôt à responsabiliser chacun au niveau des conséquences de **sa** position, et de **sa** décision plutôt que de chercher un accord à tout prix.

Travailler pour produire en commun suppose de se reconnaître dans l'un des quatre grands types de collaboration :

---

1. Ah la mythologie de la majorité ! Cette croyance que va sortir de la mise en commun des désirs et des peurs... la bonne décision, l'orientation juste.

1 — Passif-passif
2 — Actif-passif
3 — Passif-actif
4 — Actif-actif

qui correspondent respectivement, pour une *action donnée*, limitée dans le temps, à quatre positions relationnelles :

1 — Laisser-faire = non-partenaire
2 — Opposant : contre-partenaire
3 — Adhésion réservée — partenaire limité
4 — Adhésion totale = co-partenaire

Une équipe vivante est une équipe où cohabitent de façon alternative ces quatre types de collaboration.

Questionnement

« Moi je pense à toute l'énergie qu'il faut parfois déployer pour travailler ensemble. Dans un couple, c'est une chose, mais dans une équipe, à mon avis, c'est quand même différent. Si on investit énormément dans une supervision d'équipe, en attendant, nos objectifs sont quand même les enfants. Quel temps et quel investissement faut-il engager pour essayer de permettre aux gens d'être mieux et de pouvoir collaborer ? »

Commentaire J. S.

Vous venez de dire, madame, que « l'objectif principal de votre métier ce sont les enfants ». Eh bien ce n'est pas tout à fait ma position. Parmi tous les objectifs possibles, il y en a un qui est l'enfant et un autre tout aussi prioritaire qui serait d'être plus vigilant pour comprendre ce que déclenche l'enfant chez vous. Il y a plusieurs objectifs prioritaires et non concurrentiels dans une équipe. Une des priorités peut être « **devenir un partenaire à part entière** » dans une équipe pour être capable de passer :

— **du réactionnel au relationnel**
— **de l'improvisé au cohérent**
— **de l'amateurisme au professionnalisme.**

En disant : « Notre métier c'est l'enfant », vous entretenez une utopie. Je voudrais remplacer cela par une autre utopie qui serait : **dans une équipe, il y a différentes priorités qui ne s'annulent pas.** Une des priorités, c'est l'enfant, une autre priorité, c'est de pouvoir s'interroger sur ce que déclenche l'enfant chez moi et qui va faire que telle conduite m'est insupportable ou que tel comportement de ma collègue va me mettre en désaccord... avec moi-même.

Réponse

« Je ne l'entendais pas tout à fait comme cela. Je voulais parler du temps. Nous travaillons sept à huit heures avec les enfants, nous avons de temps en temps des colloques. Comment, objectivement, arriver à gérer des temps de régulation, de supervision dans l'ensemble de nos tâches ? »

Commentaire J.S.

Ma réponse sera multiple, je veux dire à différents niveaux :

    1) au niveau de la profession,
    2) au niveau d'une institution spécifique,
    3) au niveau individuel, c'est-à-dire celui de chaque accompagnant ou intervenant auprès des enfants.

1) — Au niveau professionnel

La plupart des professions sociales sont des professions qui entretiennent le personnel de base dans une dépendance affective, émotionnelle, économique (bas salaires) et sociale assez grande. Ce qui favorise et entretient, je vous prie de me pardonner la brutalité de mon énoncé, des comportements de type infantiles ou infantilisants. Je ne voudrais pas vous choquer en disant ceci : vous risquez de rester trop dépendants des autres techniciens, pédiatres, psychologues, logopédistes... Dépendants de tous ceux qui sont censés, à l'intérieur d'une structure donnée, **avoir le pouvoir du savoir** et **le pouvoir du jugement,** ainsi que le **pouvoir décisionnel.** La maturation d'une profession est fonction de sa propre capacité à s'interroger sur sa pratique pour se donner un certain nombre de moyens de réflexion, d'analyse, donc de distanciation en ne se laissant pas piéger uniquement par l'action.

Nécessité d'un temps d'analyse pour introduire des modifications suffisantes dans les pratiques, pour se donner le temps d'introduire d'autres priorités. Sinon on repart dans la situation de départ, « la priorité c'est l'enfant ». Et nous tournons en rond dans cette fausse dynamique où l'enfant sert d'alibi et d'écran aux « perversions » inévitables issues du décalage entre des idéologies, des intentionnalités toujours pures et des pratiques qui se cherchent, qui, au lieu de s'ajuster et de se réajuster au quotidien des jours s'enkystent, se routinisent, voire se pervertissent. C'est en terme de maturation que nous pouvons comprendre l'évolution d'une profession quand elle est capable de produire et d'intégrer une réflexion sur sa pratique. Sinon vous acceptez d'être dans une profession de dépendance et de servitude (et non de services !). Dépendance amplifiée soit par des structures autocratiques, soit par les autres techniciens plus professionnalistes [1].

Dans les hôpitaux, il est écrit en lettres d'or au fronton des services : « Ici on guérit les malades. » Mais dans tel service, nous voyons rapidement que ce n'est pas la seule priorité. Au SAMU de tel hôpital, il n'est pas bon de faire des tentatives de suicide le samedi parce que, dans la mythologie du personnel soignant, il y a « les bons et les mauvais malades ». Le personnel soignant est très dévoué, susceptible de faire des heures supplémentaires, d'être compétent et efficace.

Mais pour la plupart de ces soignants, « les bons », ce sont les accidentés de la route et « les mauvais », ce sont les suicidaires. Leur façon d'accueillir un suicidaire un samedi soir de printemps, alors que le service regorge d'accidentés de la route... est rejetante, agressive ou culpabilisante. Pour une tentative d'empoisonnement, ils

---

1. C'est le cas de la plupart des travailleurs sociaux qui sont engagés dans des professions trop infantilisantes parce qu'ils n'ont pu trouver leur propre méthodologie de travail et se donner les moyens d'une réflexion sur leur pratique.

vont faire un lavage d'estomac avec un trocard non graissé, « à froid » (comme il y a quelques années on le faisait encore avec les avortements sans anesthésie). Il n'est pas rare d'entendre :

> « Si vous croyez qu'on a du temps à perdre avec vous ! »
>
> « Vous ne pourriez pas choisir un autre moment ! »
>
> « On va vous apprendre à nous emmerder avec vos conneries, la prochaine fois cela vous fera réfléchir à deux fois... »

C'est une véritable agression qui trouve sa justification et sa caution en déplaçant les priorités. Ce ne sont pas des S.S. ou des salauds, ce sont des gens très compétents, dévoués, dont le système de valeurs s'accommode mal d'être dérangé... par des gêneurs, des empêcheurs de « soigner en rond ». Dans toute institution, il y a cohabitation simultanée de différents systèmes de valeurs et le drame c'est que l'on n'en parle pas. On fait semblant de croire et de mettre toujours en avant les systèmes de valeurs formelles, le système des valeurs officielles sans prendre en compte le système des valeurs implicites, mais vivaces, qui dominent à un moment donné dans un service. Soit par rapport à la personnalité des personnages clés, soit par rapport aux pratiques ou à la pathologie des individus qui composent ce service.

En s'interrogeant sur les pratiques dominantes, sur l'impact de ces pratiques tant sur les adultes que sur les enfants, sur les transgressions et les oppositions ouvertes ou larvées, il serait possible de réguler la vie quotidienne d'une institution. Pour une meilleure adéquation entre la commande institutionnelle (ensemble des projets) et la demande (ensemble des attentes).

Cela veut dire qu'au-delà du discours idéologique, vous allez trouver dans tel service d'autres systèmes de valeurs parasitaires qui vont dominer, à un moment donné, sur le système de valeurs apparentes et officielles.

2) — Au niveau institutionnel

Les institutions d'enfants fonctionnent aussi comme cela. C'est le deuxième point de ma réponse.

Certaines règles, certaines pratiques imposées, poussées à l'extrême ne sont pas éloignées des sévices, du sadisme ou de la perversité qui permettraient de les dénoncer.

> — Empêcher un enfant de trois ans d'aller faire ses besoins parce que c'est l'heure du goûter ou de l'activité.
>
> — Obliger un autre à « terminer » ce qu'il a dans son assiette.
>
> — Mordre un enfant pour « lui montrer ce que c'est que d'être mordu ».
>
> — Réduire à l'immobilité dans un coin un être plein de vivacité dont le mouvement est la conquête essentielle.
>
> — Promener et montrer un enfant dans toutes les classes pour dénoncer « ce qu'il a fait » — « ce qu'il deviendra plus tard, s'il continue comme ça ! », etc.

Il serait intéressant pour chaque équipe de s'interroger sur les pratiques et les règlements qui dominent à un moment donné dans l'institution. D'où viennent-ils ?

Comment, par qui ont-ils été introduits ? Quel consensus déclenchent-ils ?

La plupart des règlements fonctionnent comme des protections illusoires, le plus souvent contre les peurs, contre les débordements de l'irrationnel.

3) — Au niveau personnel

Je crois avoir développé suffisamment tout au long de cette conférence l'importance et la nécessité d'un temps de supervision permettant à chacun de mieux gérer l'impact des comportements des enfants sur les adultes qui s'en occupent.

> « NE PERDEZ PAS TROP DE
> TEMPS À AVOIR ENVIE DE... À
> ESSAYER DE FAIRE... FAITES-
> LE. »
>
> Ma grand-mère.

Témoignage

« Si j'ai bien compris, il y a souvent une idéologie dominante dans une institution, mais il y a des personnes qui fonctionnent différemment, qui ont des échelles et des systèmes de valeurs différents. Je pense qu'il y a toujours possibilité de discussion. Notre système est parfois infantilisant dans le sens où les " professions de la petite enfance " ne se sont pas encore donné suffisamment les moyens d'une méthodologie plus rigoureuse. Quand vous prenez une éducatrice ou une directrice qui travaille quarante heures par semaine, il est difficile de mettre suffisamment d'énergie ou de prendre suffisamment de temps pour arriver à négocier, à communiquer et

à s'occuper des déviances, de la pathologie de chacun.
C'est ça la question ? »

Commentaire J.S.

Oui, cette réalité existe, mais elle ne justifie pas toutes
les pratiques et surtout elle ne vous évitera pas de « payer
le prix fort des conséquences » à long terme des sur-
charges émotionnelles, des tensions et des malentendus.
Et le prix, que vous risquez de payer, c'est de fonctionner
comme les enfants dont vous vous occupez. Vous allez
avoir des gestes, des rituels, des somatisations, des
passages à l'acte voisins, fréquents ou identiques. Il y a un
mimétisme des moyens de défense, des conduites d'évite-
ment qui se développe entre enfants et adultes.

Pour un intervenant extérieur, il y a un parallèle qui
saute aux yeux, de voir des similarités, des équivalences
entre le comportement des enfants et celui des adultes
entre eux. Un certain nombre de comportements non
verbaux chez les enfants nous disent aussi ce qui est en
train de se passer chez nous.

Les enfants, nous le savons, sont souvent le symptôme
du couple. Ils vont dire dans leurs comportements et dans
leurs conduites ce qui se passe entre Maman et Papa et
qui fait l'objet de « non-dit », ils vont le traduire au
niveau de leur corps en utilisant deux de leurs langages
favoris : le corps et les passages à l'acte. Si ça se passe au
niveau familial, cela se passe aussi au niveau institution-
nel. Soyez donc très attentifs à certaines pathologies ou
somatisations qui reviennent régulièrement dans certaines crèches, dans certaines garderies, parce qu'elles
expriment aussi la « pathologie de l'équipe ». S'il y a une

corrélation fréquente entre les troubles de l'enfant et ce qui se passe dans sa famille, il y a parfois une corrélation entre certaines difficultés vécues dans la crèche et la façon dont fonctionne l'équipe.

> « LES ADULTES RACONTENT
> SOUVENT LA VIE PROFONDE
> DES ENFANTS COMME S'ILS
> EN AVAIENT LE DROIT,
> COMME SI C'ÉTAIT LA LEUR,
> JUSTE POUR AVOIR
> QUELQUE CHOSE DE
> NOUVEAU À DIRE. ILS NE
> S'OCCUPENT PAS DE LA
> MANIÈRE DONT L'ENFANT
> RESSENT LES CHOSES. »
> M. C. D'WELLES.

Dans les garderies ou les crèches, le personnel est très sensible au comportement agressif des enfants. On va beaucoup parler de tel enfant, on va se réunir et parler sur lui et on ne voit pas que cet « enfant agressif » ne fait que traduire l'énorme agressivité latente qui se trouve dans l'équipe. Lui, la met en acte, c'est-à-dire au jour.

Les enfants ont des radars et des émetteurs puissants, ils captent un certain nombre de malentendus, de non-dits, de tensions qui se jouent au niveau de l'équipe... et le restituent au quotidien.

Témoignage

« Vous avez beaucoup insisté sur le fait que c'est très important de dire oui. Cela je l'avais mal compris, car j'avais pensé que ça voulait dire qu'on ne pouvait pas entrer du tout en opposition. Il me semble entendre maintenant que, dans une équipe, ça peut être tout aussi bénéfique de pouvoir dire oui ou non. Ai-je bien entendu, est-ce juste ? »

Commentaire J.S.

Je ne sais pas si c'est juste, mais je me sens entendu. Bien sûr qu'il faut savoir approuver, adhérer, accepter et aussi refuser ; se confronter, marquer des limites, poser des exigences. Mais il faut surtout savoir ne pas enfermer l'autre (un enfant, un adulte) soit dans la soumission (ou la pseudo-acceptation), soit dans l'opposition (le refus, la fuite ou le rejet).

Je propose, dans les formations que j'anime, de sortir de ce piège trop souvent proposé : la soumission, l'opposition.

Ce que je propose est vital car cela va être l'enjeu central des vingt prochaines années en matière de relation. Je crois que nous sommes malades de mal communiquer. Nous sommes malades de cette difficulté à se sentir entendu, à dire, à être reconnu et à reconnaître l'autre. Beaucoup de pseudo-communications actuelles sont trop souvent la négation de l'existence quand, par exemple, je n'accepte pas un savoir, un savoir-faire, un savoir-être différent du mien, quand je tente d'exercer mon influence par la contrainte (menace, sanction, culpabilisation reviennent fréquemment dans le système « éducationnel »).

« J'existe quand je peux m'affirmer et confirmer l'autre. »

Ce que je propose donc, c'est de retrouver des possibilités d'exister avec ce que j'appelle des relations de confrontation. C'est très stimulant en termes de travail d'équipe, mais également en termes de relations interpersonnelles avec les enfants ou avec des proches.

Une relation de confrontation ne doit pas être confondue avec une relation d'affrontement. S'affronter préfigure la négation ou la réduction de l'autre. Une relation de confrontation, est une relation dans laquelle j'ai la possibilité d'avoir quatre positions relationnelles qui sont les suivantes :

— **Confirmation du point de vue de l'autre** (oui, toi tu penses qu'il faut que les enfants n'aillent pas aux toilettes pendant le goûter).

— **Affirmation de mon propre point de vue** (pour ma part je peux tolérer qu'un enfant puisse aller aux toilettes).

— **Constat des différences,** et c'est là que se développe la communication. « Je prends sur moi qu'un enfant puisse faire ceci ou cela, tu prends sur toi l'interdit que tu poses. »

— **Repositionnement de mon point de vue** d'une production en commun possible ou maintien des positions.

Témoignage

« Il faudrait avoir une disponibilité idéale pour respecter le point de vue de l'autre ! »

Commentaire J.S.

Oui, cela serait l'intention souhaitable! Mais je ne discute pas du tout en terme d'intention, je parle en terme de moyens opérationnels. J'ai découvert très tôt que ça ne sert à rien d'avoir l'intention de respecter autrui si son point de vue touche à ma zone de tolérance[1], au point que j'ai envie de mettre autrui à la porte, de le rejeter, etc. Donc je ne peux pas le respecter même si j'en ai l'intention. Au-delà du respect que j'ai pour la personne, je peux apprendre à mieux me définir. Ma collaboration n'ira pas jusqu'à faire ceci ou cela. Pour cette action-là, vous ne pouvez compter sur moi. Mais vous, qui avez pris cette décision et pour laquelle vous êtes d'accord, vous allez avoir à l'assumer[2].

● — Prendre une décision en commun c'est accepter de reconnaître le pluralisme des positions.

● — Prendre une décision commune c'est vouloir l'accord de tous. Il y a **collusion entre recherche. d'unité et volonté d'uniformité.** Or, toute la vie nous enseigne qu'il peut y avoir unité, cohérence, dans les possibles de la diversité.

J'ai tenté de l'illustrer par l'exemple suivant :
Tel enfant élevé dans une institution avec des

1. Nous devrions dire zone d'intolérance, point de rupture dans nos équilibres internes quand notre seuil de tolérance est bousculé.
2. Un long échange aura lieu au sujet de la grande diversité possible des membres d'une équipe face à une décision à prendre en commun. Il semble qu'il y ait confusion dans l'esprit de beaucoup entre prendre **une décision en commun** et **prendre une décision commune.**

réponses uniformisées (pédagogie de l'étau) va découvrir très tôt que dans la vie il aura des réponses différenciées.

Dans le métro, par exemple, il marche sur le pied d'une dame qui lui dit : « Je m'excuse. » Il marche sur le pied d'un autre qui, lui, gêné, le prend pour un homosexuel. Il marche sur le pied d'une troisième personne qui le gifle. Bref, il découvre que dans la vie, quand il pose un acte, il n'a jamais la même réponse.

Quelle est cette folie qui consiste à croire qu'il faut que nous éduquions les enfants avec des réponses soi-disant cohérentes, c'est-à-dire uniformisées, alors que ce n'est pas cela qu'ils vont découvrir tout au cours de leur existence. Ils vont vivre au contraire, la diversité, l'enrichissement, la variété, les contradictions. Les enfants ont besoin de réponses vivantes, personnalisées, actualisées pour se construire et non de réponses en « conserve » préétablies à l'avance, qui risquent de les laisser démunis face à la polyvalence de la réalité.

Témoignage

« Vous nous parlez en termes de communication entre l'adulte et l'enfant et nous, nous parlons en termes pédagogiques. Comment, concrètement, avons-nous le temps de passer vingt minutes à expliquer à chaque enfant : " Tu vois, tu n'as pas le droit d'aller... " »

Commentaire J. S.

Attention, vous semblez commencer l'échange par un interdit : « Tu n'as pas le droit... » Vous parlez sur l'enfant. Il me semble au contraire que je communique avec l'enfant quand je me positionne devant lui, en lui disant : « Je ne suis pas d'accord que tu ailles dehors maintenant... » Je m'adresse à lui et je lui donne mon point de vue. Je le reconnais et il me reconnaît. Mais si je lui dis : « Tu n'as pas le droit... », il n'existe pas, il n'est pas reconnu et il ne me reconnaît pas.

Réponse

« J'applique le règlement de la garderie car on me demande de le faire appliquer. »

Commentaire J.S.

Vous pouvez et devez le plus souvent appliquer le règlement, mais sans vous identifier à lui. En restant médiateur vous permettez à l'enfant de se relier au règlement, vous n'êtes pas entre l'enfant et une certaine réalité présente, vous êtes un tiers qui permet à l'enfant d'affronter positivement cette réalité.

Dans beaucoup de relations il sera important de baliser le triangle :

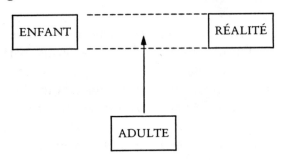

Votre intervention devrait porter sur la relation de l'enfant à la réalité qu'il doit affronter. En vous identifiant trop souvent à la réalité ou en vous laissant trop identifier par l'enfant à cette réalité, il y a collusion des positions.

S'identifier au règlement et tenter de communiquer est quasiment incompatible. Si vous acceptez d'être média-teur[1], vous pouvez témoigner du règlement sans vous identifier à lui, vous maintenez une triangulation structurante.

Trop d'adultes, en effet, s'identifient au règlement et ne sont plus médiateurs ce qui fait que l'enfant est coincé par l'adulte **et** le règlement. Être médiateur, pas intermédiaire. C'est le rôle des adultes de permettre à l'enfant de se relier au monde qui l'entoure, de lui permettre d'être à son tour un agent de changement au lieu de subir sans arrêt le monde tel qu'il se présente ou tel qu'il se construit. Je pense que l'apprentissage de la liberté, c'est de développer la capacité de faire des choix et d'être un agent de changement pour soi et pour autrui. Un des

1. Celui qui relie.

enjeux de l'éducation, de la pédagogie que vous pouvez proposer, c'est de permettre de plus en plus tôt à ces enfants d'être des sujets et non des objets. Un des moyens puissants de les renforcer comme sujets, c'est d'entrer en relation avec eux. Être adulte et sujet devant eux, c'est être capable de se signifier pour qu'ils sachent où vous vous situez, pour qu'ils se reconnaissent et vous reconnaissent.

Témoignage

« Où se trouve alors la convergence de notre action dans une équipe ? La différenciation c'est très beau, très enrichissant. Mais il y a des points d'accord à trouver ! »

Commentaire J.S.

Les points de convergence seront un ensemble minima de positions et d'options non négociables que chaque membre de l'équipe s'engage à respecter. Il en faut peu, mais ils doivent être susceptibles de rassembler des personnes désireuses de travailler dans cet état d'esprit : permettre à un enfant de grandir, de se différencier, de se séparer de nous. Le reconnaître comme sujet compétent et non objet de nos désirs ou de nos peurs.

Cela veut dire aussi avoir un projet non pour lui, mais vers lui, avec lui.

Créer une équipe, c'est aussi développer un climat de tolérance, de non-jugement et de communication directe.

Question

« Pour des prises de décision en équipe, comment faire ? »

Commentaire J.S.

Prendre une décision c'est déjà se définir par rapport à un objectif et énoncer des moyens dont je peux témoigner. C'est être capable déjà de négocier avec soi-même, pour pouvoir négocier avec l'autre et donc de faire des choix. C'est être capable d'exprimer mes limites et de définir aussi le type de ma collaboration possible à ce moment-là. Ne pas rechercher une décision commune **mais tenter de prendre une décision en commun,** c'est-à-dire dégager un consensus, un courant dominant, une orientation avec des balises connues de chacun. C'est ce courant qui servira de référence à l'ensemble de l'équipe.

Ensuite nous rejoindrons un autre problème qui est la capacité d'une équipe à accepter en son sein différents modes de collaboration (voir plus haut).

En conclusion provisoire

Nous avons abordé au cours de ce travail de réflexion non seulement la possibilité d'être à l'écoute des langages non verbaux chez l'enfant, mais aussi les douloureuses prises de conscience que cela suppose dans la remise en cause de nos pratiques personnelles (comme parents) et

professionnelles tant au niveau personnel qu'institution-
nel et socioprofessionnel.

Chacun avancera sur ces chemins avec ses possibles,
avec ses utopies, avec ses résistances mais aussi avec ses
enthousiasmes, ses élans et sa foi dans une amélioration
possible des relations humaines et de sa responsabilité
propre pour un monde plus vivant au présent.

FAVORISER CHEZ TOUT ÊTRE
LA POSSIBILITÉ DE
S'AFFIRMER, LA CAPACITÉ
DE SE DÉFINIR, LE DÉSIR
D'EXISTER ENTIER.

ANNEXES

Quelques contes à guérir

Je savais la réalité
des miracles.
Je découvre les miracles
de la réalité.

Aux heures difficiles

Aux heures difficiles
quand les souffrances d'antan
se réactivent
seul le corps peut dire
ce que la bouche n'a pu sortir

Alors la nouvelle parole qui jaillit
met les mots qui cicatrisent
qui réparent, qui achèvent et qui guérissent.

Et du corps peut enfin surgir
le Grand Cri de la Vie.

Et de la bouche
la langue aussi se délie
pour que parle la voix de l'oubli
pour que naissent
des maux enfouis
tous les mots qui nous disent.

Françoise BLOT.

Conte de la petite fille kangourou
qui avait un très grand chagrin secret

Il était une fois une petite fille kangourou.

Cette petite fille kangourou avait un très très grand chagrin.

Un chagrin secret dont elle n'avait jamais parlé à personne.

À personne, même pas à sa Maman, même pas à son Papa, même pas à sa poupée préférée.

Ce grand chagrin caché, il était là, caché là,
tout au fond de son cœur.

Oh oui, elle avait le cœur gros.

Gros comme un ballon, comme ça
et son cœur était rempli de larmes.

Mais personne ne savait ça.

personne ne voyait ça.

Elle était toute seule à savoir.

Et le soir, dans son lit, avec le drap sous son nez, ses grands yeux ouverts quand son Papa venait l'embrasser et lui dire : « Bonne nuit ma petite fille adorée. » Elle ne disait rien, les yeux grands ouverts.

Mais elle, elle savait sa peur.

Et tard, dans la nuit, elle s'endormait enfin.

Et chaque matin, vous ne savez pas ce qui se passait.

Tout son lit était mouillé — inondé comme si la rivière avait débordé dans la maison.

Ses parents kangourou croyaient qu'elle avait fait pipi au lit.

Mais en réalité c'était tous les pleurs de cette petite fille kangourou.

Pendant son sommeil, elle pleurait, elle pleurait en dormant, toutes les larmes de son cœur tout gros.

Et personne, personne
ne savait son secret.

Un jour, le Papa de cette petite fille kangourou lui offrit un petit koala en peluche en lui disant : « Ce koala on peut tout lui dire, il comprend tout avec ses yeux. Regarde comme ses yeux brillent. Et le soir même, dans son lit, elle a pu dire son secret à son petit koala, à lui seul.

Et son chagrin disparut comme par enchantement.

Le lendemain matin, son lit était tout sec parce qu'elle n'avait pas pleuré dans la nuit. Comme elle avait pu dire son secret à quelqu'un, au petit koala, et à lui seul, toutes les larmes de son cœur s'étaient évaporées.

Ainsi se termine le conte de la petite fille kangourou qui avait un très grand chagrin secret.

_____

Pour une petite fille qui « faisait » au lit depuis toujours...

Conte de la petite hirondelle
qui avait enfermé sa peur
dans un gros bouton tout noir

Il était une fois une petite hirondelle qui apprenait à voler.

Vous savez, il s'agissait d'être assis au bord d'une branche et puis de s'élancer en battant des ailes pour arriver sur une autre branche. C'était la première fois que la petite hirondelle faisait un tel saut, qu'elle devait traverser le vide entre les deux branches, et tout au fond d'elle-même elle avait un peu peur.

Elle aurait aimé que la maîtresse d'école puisse entendre sa peur et surtout que ce n'était vraiment pas facile de s'élancer comme cela dans le vide. Mais la maîtresse était pressée, elle disait : « Allez, dépêchez-vous, sautez et surtout battez des ailes. »

La petite hirondelle s'élança et... tomba dans le vide. Elle eut très peur, très très peur de tomber par terre, de s'étouffer en tombant.

Heureusement la maîtresse l'avait vue et avec un grand bâton elle permit à la petite hirondelle de s'accrocher.

Après le cours, la petite hirondelle était rentrée au nid de sa Maman. Et pour une raison qu'on ignore, quand elle avait tenté d'en parler à sa Maman, celle-ci, trop occupée ou un peu distraite, n'avait pas bien entendu combien c'était important ce qui était arrivé à la petite hirondelle.

Et savez-vous ce qu'il arriva... vous ne le devinerez jamais !

Quelques jours après, sur une des pattes de la petite hirondelle, est apparu un énorme bouton, tout rouge au début, puis noir ensuite.

La petite hirondelle n'aimait pas ça du tout. Ce bouton l'embêtait vraiment et surtout il la gênait.

« Je ne vais pas garder ça toute ma vie quand même ! »

Ainsi les mois passèrent, le bouton grossissait et la petite hirondelle n'aimait toujours pas cela. Jamais elle n'avait pensé que ce bouton avait un rapport avec sa peur.

En effet, depuis qu'elle avait ce bouton, elle n'allait plus aux leçons pour apprendre à voler. Au fond, ce bouton, ce gros bouton noir c'était sa peur qu'elle avait enfermée dedans.

Un jour elle se sentit suffisamment grande et surtout suffisamment en sécurité pour lâcher son bouton.

Comment se termine le conte de la petite hirondelle qui avait enfermé sa peur dans un bouton ?
Vous le saurez une autre fois.

———————

Pour une petite fille qui avait une verrue énorme, qui gênait sa marche. Verrue « attrapée » à la piscine le jour où elle avait manqué de se noyer en apprenant à nager.

Conte de la petite belette
qui se posait des vraies questions

Il était une fois une petite belette toute rousse avec des grands yeux rieurs
et des dents toutes luisantes.

Cette petite belette avait aussi une toute petite queue, qui avait la particularité, ce qui est très rare chez les belettes, d'être retroussée en l'air. Quand elle courait dans les bois, il y avait des petites brindilles qui s'accrochaient à ses poils tout roux.

Un jour cette petite belette rencontra un écureuil qui pleurait au pied d'un arbre, elle s'arrêta tout étonnée et lui dit dans le langage des écureuils et des belettes qui est le même :

« Je vois que tu pleures, as-tu envie de me parler ? »

L'écureuil, entre deux sanglots, lui dit :

« Je suis très triste car il y a eu un accident très grave dans ma famille et mon Papa a été blessé aux deux pattes de devant, ce qui fait qu'il ne peut plus grimper aux arbres. Ma Maman travaille beaucoup et j'ai peur qu'elle tombe malade, et puis, comme notre maison n'est plus habitée, je crains qu'un autre écureuil vienne s'installer et nous abîme tout l'intérieur, et puis la saison des pluies va arriver et mon poil n'a pas assez poussé et j'ai peur d'avoir froid, et puis mon meilleur copain s'est disputé avec moi et ne veut plus me parler, et puis ma copine écureuil m'a dit " que décidément j'étais trop pessimiste, que j'avais peur de tout, que je voyais tout en noir, que je dramatisais toujours les événements, que je ne savais pas rire, que j'avais la larme facile, que... "

— Oh là là, lui dit la petite belette, là, il y en a trop, moi je ne veux pas passer ma vie à écouter les malheurs des autres, surtout quand ils les entretiennent avec autant de facilité.

Tu sais, moi aussi j'ai des chagrins, et des gros parfois. Bon d'accord c'est pas marrant, mais une fois que j'ai vu ce qui n'allait pas, je peux en parler un bon coup avec ma mère ou mon père — même malades, ils m'écoutent. Et puis moi, j'aime rire (des fois je ris à l'intérieur de mon ventre et mon poil devient tout brillant), j'aime courir, jouer, discuter avec mes copines, parler de l'avenir, de ce que je ferai quand je serai grande — je serai une grande belette ultra-rapide. J'aime aussi regarder le ciel le soir de pleine lune, il y a plein d'étoiles qui me font de l'œil.

Et puis tu veux que je te dise, moi j'ai des questions drôlement importantes dans la tête — par exemple comment on sait qu'on est réellement la fille de sa mère, hein, comment on le sait ça ?

Et comment on peut être sûr d'être la fille de son père ? ça c'est vachement difficile de savoir avec certitude ? C'est des vraies interrogations ça ? »

Alors le petit écureuil se redressa d'un bond et soudain tout joyeux dit :

« Eh bien moi je sais tout ça, il y a un moyen infaillible de savoir si on est le fils de sa mère et de son père.

— Ah bon ! dit la petite belette qui s'approcha soudain du petit écureuil avec un regard tout ému. Tu peux me le dire ce moyen ?

— Oui, dit le petit écureuil, mais c'est un moyen qui est valable seulement pour chacun. Le mien est valable pour moi, et le tien est seulement valable pour toi.

— Oui, mais c'est lequel ce moyen ? s'impatientait la petite belette.

— Je vais te dire le mien, approche un peu, lui dit le petit écureuil. Ce moyen c'est de demander d'abord à sa Maman : " Dis-moi, Maman, comment tu m'as reconnu, comment tu as su que j'étais vraiment ton fils ? "

— Et elle répond quoi la Maman ? dit la belette.

— Et bien justement la réponse varie d'une Maman à l'autre. Il n'y a pas de réponse unique, valable pour tous. Chaque réponse est personnelle, car chaque Maman a une réponse à elle.

— Et pour les Papas, comment il faut faire ?

— Là, c'est plus difficile, lui dit l'écureuil, car les Papas ils ont du mal à parler personnellement, c'est une question qui les embarrasse souvent. Des fois ils se lancent dans des grands discours où tu comprends rien, mais rien alors, c'est compliqué les Papas, ils ont peur de leurs sentiments, alors ils veulent t'expliquer au lieu de parler d'eux-mêmes... Mais certains Papas répondent tout de suite — ils te disent comment ils savent que tu es leur fils ou leur fille sans hésiter, comment ils t'ont reconnu et comment ils ont la certitude que c'est bien toi leur enfant et pas une autre belette ou un autre écureuil.

— Alors, il faut que je demande à ma mère et à mon père ? lui demanda la belette.

— À mon avis, il n'y a pas d'autres moyens »,
répondit l'écureuil.

À ce moment-là, la petite belette s'aperçut que l'écureuil ne pleurait plus, qu'il semblait, au contraire, tout
joyeux. D'ailleurs, avant de la quitter, le petit écureuil lui
dit :

« Je voudrais t'embrasser tu sais, parce que tu m'as fait
beaucoup de bien avec tes vraies questions, je m'en
souviendrai toujours. Alors, adieu, car moi je vis surtout
dans les arbres et toi, plutôt dans les grandes herbes. »

Ainsi se termine le conte de la petite belette qui se
posait des vraies questions.

Pour un petit garçon triste qui se plaignait souvent.
Pour une petite fille qui « doutait » de ses origines.

Conte du petit garçon qui voulait devenir grand et garder quand même son doudou

Il était une fois un petit garçon qui avait un doudou qu'il aimait beaucoup. Ce doudou ne le quittait jamais, c'était vraiment son meilleur ami. Quand il était triste et même joyeux, il aimait sentir l'odeur de son doudou. Avec lui s'ouvrait les portes des rêves. Mais un jour, un de ses parents, devinez qui ? croyant que ce petit garçon était devenu grand, a décidé de lui enlever ce doudou. Ce parent était un peu gêné, parce qu'il sentait bien que le petit garçon tenait beaucoup à son doudou.

Alors il inventa une histoire en disant :

« On va envoyer ce doudou dans un pays lointain à un petit enfant qui n'en a pas. »

Le petit garçon qui aimait son doudou a été très en colère. Il aimait beaucoup son parent, celui qui avait envoyé le doudou dans un pays lointain, il l'admirait même et n'osait pas lui dire sa colère. C'est difficile de dire sa colère à quelqu'un qu'on aime et que l'on ne voit pas souvent. Alors le petit garçon qui était très malin se mit à faire pipi au lit toutes les nuits. Oui, c'était sa façon à lui de dire sa colère. À sa manière il disait aussi qu'il n'était pas aussi grand que celui qui avait envoyé son doudou dans un pays lointain, le pensait. La preuve, d'ailleurs, qu'il n'était pas aussi grand, c'est qu'on ne lui avait même pas demandé son avis pour le séparer de son doudou préféré, un petit ours en peluche. D'accord, il ne lui restait qu'un œil et qu'une patte, mais quand on aime quelqu'un, on l'aime avec ses blessures, n'est-ce pas !

Heureusement ce petit garçon avait deux parents.

Et quand, dans un moment de grande confiance, il raconta son chagrin d'avoir été séparé de son doudou, celui-ci lui offrit un deuxième doudou.

Un doudou tout neuf.

Mais est-ce qu'il avait bien fait ? Parce que ce deuxième parent voulait peut-être qu'il reste petit, qu'il ne grandisse pas trop vite !

... Ça personne ne le sait... sauf peut-être le petit garçon qui, tout au fond de lui a envie de grandir et en même temps de rester aimé comme un petit enfant.

Lui seul le sait.

Et c'est ainsi que se termine le conte du petit garçon à qui on avait enlevé son doudou préféré.

Et le pipi au lit tous les soirs, me direz-vous, est-ce qu'il va continuer toujours ?

Non, non, rassurez-vous. Ce petit garçon, un jour a senti qu'il pouvait grandir sans crainte, qu'il serait aimé... même grand. Et ce jour-là sa colère est tombée d'un seul coup, le lendemain il n'avait pas fait pipi dans son lit, ni les jours suivants d'ailleurs.

Pour un petit garçon qui était très en colère et qui se débattait entre le désir d'être grand et celui de rester petit.

Conte de la petite mésange qui avait eu très peur
et qui gardait tout au fond d'elle
une colère terrible

C'est terrible les colères des mésanges parce qu'elles ont une toute petite gorge et quand la colère est trop grosse, elle ne peut pas sortir. Alors elle reste coincée là, dans la gorge et tout au fond, tout derrière, tout près du cœur, il y a une tristesse infinie qui reste bloquée elle aussi.

Enfin je vais vous dire ce qui s'est passé, mais ce n'est pas facile à raconter.

Cela se passe au pays des mésanges qui, comme chacun sait, est situé plutôt dans les arbres et dans le ciel.

Une petite mésange, qui vivait seule avec sa Maman et sa sœur mésange, allait tous les matins à l'école des mésanges pour apprendre tout ce que doit savoir une mésange : à voler, à chanter, à lustrer ses plumes, à reconnaître les petits insectes de la forêt, à se diriger dans le ciel. Ce n'est pas facile le ciel, il n'y a pas de routes et puis il y a beaucoup de dimensions dans le ciel : le devant, le derrière, à droite, à gauche, au-dessus, au-dessous, bref il faut avoir l'œil partout quand on vole.

Cette petite mésange que je vais appeler « Liaju » (oui c'est un prénom de mésange, il faut prononcer « Lliajou ») allait donc tous les jours en classe, elle aimait ça, mais surtout elle aimait sa copine. Une vraie copine qui l'attendait le matin avant de partir en classe. Elles s'envolaient toutes les deux en faisant attention de ne pas se cogner dans les arbres. Elles aimaient beaucoup rire ensemble, elles avaient plein, tout plein de secrets ensemble aussi, que je ne vais pas vous dire parce que ce sont des secrets à elles deux.

Un jour, le maître d'école des mésanges, un vieux « mésange » qui ressemblait à un hibou, se fâcha très fort contre l'amie de Liaju. Très en colère il la frappa avec son aile très sèche et la mésange tomba de l'arbre contre un caillou. Elle fut tout étourdie.

Liaju se sentit très menacée par cette scène. Elle resta silencieuse et au-dedans d'elle la peur s'installa. Elle sentait son petit cœur de mésange se coincer dans sa poitrine chaque fois qu'elle voyait le vieux maître qui ressemblait à un hibou.

Elle avait plein, plein de questions dans sa tête, comme si plein de vieux souvenirs s'étaient réveillés en elle. De très très vieilles peurs qu'elle avait oubliées. Ce coup donné à son amie, c'était comme si elle l'avait reçu il y a très longtemps, très longtemps.

Elle se demandait le soir dans son petit nid si son Papa était parti parce qu'il se disputait avec sa Maman.

Est-ce que lui aussi avait frappé sa Maman comme le vieux hibou ?

Tout plein de sensations montaient en elle. Sa Maman avait été aussi une petite mésange, est-ce qu'elle avait été frappée comme ça par un « mésange » violent ?

Elle se disait aussi : « Si mon Papa était là, il m'aurait

défendue, il n'aurait jamais permis qu'on me frappe moi ! »

Oui, tout plein d'interrogations traversaient Liaju avant de s'endormir. Mais sa colère et sa peur restaient là tout en elle. Et le matin tout son nid était mouillé. Sa Maman croyait qu'elle avait fait pipi au nid, non, pas du tout. C'était tous les pleurs de rage qu'elle avait pleurés toute la nuit. C'était comme une vieille blessure qui s'était ouverte.

Nous ne savons pas comment la petite mésange Liaju trouvera le moyen de s'endormir apaisée.

Avec sa petite amie, elles ont décidé de faire plus tard un grand voyage. Toutes les deux.

Ce que nous savons aujourd'hui c'est que Liaju sait, tout au fond d'elle-même, qu'on peut retrouver en soi des blessures très vieilles, qu'on croyait oubliées.

Et quand on connaît quelqu'un à qui on peut les dire, ces blessures guérissent et on retrouve plein de rires... même en dormant.

Ainsi se termine, pour aujourd'hui, le conte de la petite mésange qui avait une grande colère en elle.

———————

Pour une petite fille qui doutait de ses parents.

Conte de la petite chèvre
qui avait tout pour être heureuse

Il était une fois, il y a bien longtemps, mais c'est tout proche, car le temps et l'espace parfois se mélangent...

Il était une fois donc, là-haut dans la montagne, une petite chèvre dont la vie est étonnante.

C'était une petite chèvre toute blanche, très jeune et très belle, avec de grands yeux bruns. Elle vivait avec « tout pour être heureuse », avec son Papa, sa Maman, ses frères et ses sœurs. C'était une toute petite chèvre sans histoire, mais ce que personne ne savait c'est qu'elle était très sensible. Un rien la blessait, une parole, un regard la bouleversait pour plusieurs jours. Très courageuse, elle gardait tout pour elle, ne se plaignait jamais, car elle avait très peur de faire de la peine à sa mère.

En effet, depuis toujours, elle se sentait coupable d'être née. Oui, quelque part en elle il y avait cette croyance, qu'elle n'aurait jamais dû sortir du ventre de sa mère, qu'elle aurait dû rester dedans. Elle sentait les choses comme cela, sans les expliquer. Et parfois, dans la vie, il n'y a pas besoin d'explications supplémentaires pour sentir les choses comme on les sent.

Un jour la petite chèvre, qui devait bien avoir sept ou huit ans, était couchée près d'un sapin, et là elle a vu une scène qui devait la bouleverser profondément pour beaucoup d'années. Elle a vu une petite chèvre près de sa mère venir téter si violemment les mamelles de sa mère qu'elle a cru que la petite chèvre nouvellement arrivée allait dévorer sa Maman.

En voyant cela elle eut très peur de perdre sa Maman. Mais jamais, au grand jamais elle n'a pu parler de ceci à personne.

Depuis ce jour-là, la petite chèvre a pensé que devenir maman chèvre, c'était risquer d'être dévoré par son petit. Alors, dans sa tête, dans son cœur, elle décida qu'elle ne grandirait jamais, qu'elle n'aurait jamais de poitrine, je veux dire de grandes mamelles, avec du lait dedans.

Et ce fut comme un immense combat en elle, entre sa vitalité, car c'était une petite chèvre très vivante, très passionnée, et son refus de grandir.

Depuis ce jour-là, d'ailleurs, la petite chèvre ne fut plus heureuse.

Tout le monde s'agitait autour d'elle, parce qu'elle ne mangeait plus.

Tout le monde lui donnait des conseils, sans comprendre de quoi il s'agissait.

« Comme s'il s'agissait de manger ou de nourriture ! »

Tout le monde la pressait :

« Mange, sinon le loup te mangera... »

Mais la petite chèvre avait un sacré caractère, elle était indomptable. Quand elle avait décidé quelque chose, rien ne la faisait changer d'avis, pas même elle-même !

Elle se disait à l'intérieur : « Non, non, ils ne comprennent pas, mais je ne dirai rien... »

Et c'est ainsi que les années passèrent. La petite chèvre

survécut difficilement, douloureusement, courageuse-
ment, refusant de grandir, de nourrir son corps de petite
chèvre, car la peur d'être dévorée, si elle mettait au
monde un petit cabri, demeurait vivace en elle.

Elle avait si peur à cette seule idée que même ses règles
s'étaient arrêtées.

L'histoire ne dit pas comment la petite chèvre a pu, un
jour, lâcher ses peurs, comment elle a pu découvrir que
pour exister, il faut accepter de sortir du ventre de sa
mère. Et puis qu'il est possible de se séparer de quelqu'un
sans le perdre.

Ce que nous savons par contre, c'est que beaucoup de
petites chèvres peuvent vivre comme cela, dans la peur,
longtemps, longtemps, sans jamais être entendues par
leur entourage. Même ceux qui les aiment n'entendent
rien.

Comment dire, en effet, qu'on se sent coupable à mort
d'être sortie du ventre de sa mère ! Cela ferait hausser les
épaules ou rire n'importe qui. Comment dire qu'on a
peur d'être dévorée... par un bébé qu'on a jamais eu !
Cela frise le ridicule...

Et pourtant il y a des petites chèvres qui savent tout au
fond d'elles-mêmes que cela est réel. Que c'est même si
important que si on ne peut en parler cela vous étouffe,
oui, bloque toute votre gorge et votre bouche, à tel point
qu'on ne peut avaler rien d'autre.

Ainsi se termine le conte de la petite chèvre qui avait
tellement à dire, qu'elle en avait la bouche pleine.

Pour une petite fille qui était devenue anorexique.

Histoire d'une fleur inconnue
et de son jardinier

C'était une fleur pas comme les autres, une fleur d'une sorte unique et dont même le jardinier ne savait pas le nom. Il avait planté cette graine en espérant que le résultat en serait tout à fait spécial.

« Une fleur rare comme vous n'en n'avez jamais vue », avait dit le marchand étranger qui la lui avait vendue.

Dans un premier temps, le jardinier s'est dit que c'était là, peut-être, un moyen pour devenir célèbre. Si les gens allaient venir du monde entier pour voir sa fleur !

Immédiatement après avoir planté la graine, il commença à l'arroser. Tous les jours, avec beaucoup de soins. Lorsqu'elle sortit de terre, le jardinier sentit qu'il n'allait pas être déçu. Cette fleur allait vraiment être unique, rare et certainement extraordinaire. Pourtant assez rapidement il s'aperçut qu'elle ne poussait pas comme il l'avait espéré.

— Avait-elle trop d'eau ?

— Manquait-elle d'engrais ?

— Ou la température ambiante n'était-elle pas la bonne ?

Malgré tous ses soins la fleur donnait des signes inquiétants. Elle s'étiolait, pâlissait, perdait ses couleurs. Elle ne se nourrissait même plus correctement de l'eau qu'elle recevait.

Le jardinier consultait des encyclopédies de plantes espérant trouver de quoi souffrait sa fleur. Il faisait appel à des experts qui, la mine grave, faisaient semblant de comprendre. Rien n'y fit.

Il redoubla de soins. La fleur dépérissait, maigrissait, ça ne marchait pas du tout. Cette fleur eut une vie douloureuse car elle s'était attachée au jardinier, mais sans le lui dire.

Plus tard, beaucoup plus tard, quand le jardinier eut abandonné depuis longtemps le jardinage, alors que ses cheveux étaient devenus tout blancs et que son dos fut courbé par les ans, il lui arrivait encore de consulter ses encyclopédies.

Et voilà qu'un jour, tout à coup, il y trouva sa fleur. C'était une espèce rare, en provenance d'une planète lointaine, appelée la planète « TAIRE ». Elle était nommée *Mafillyamoi* et parmi les soins particuliers qu'elle nécessitait, il était mentionné qu'il fallait expressément chaque soir lui chanter une chanson et surtout, surtout lui parler.

———

Pour une petite fille qui avait très peur de son papa.

Histoire du petit dauphin
et de son ami le petit oursin

Il était une fois, au pays des Dauphins, un joli petit dauphin bleu qui avait déménagé. Oui, il avait changé de mer. Jusqu'alors il nageait dans une mer chaude et tout d'un coup le voilà plongé, avec ses parents dauphins et son petit frère dauphin, dans une mer froide.

Tout près de là, dans le village des dauphins, enfin vous me comprenez, il y avait un féroce poisson, qui semblait ne pas aimer les dauphins, pas du tout.

Or, les parents du petit dauphin bleu, qu'on va appeler Joy, avaient amené avec eux un petit oursin qui était le compagnon préféré du petit dauphin.

Un jour, alors qu'il jouait dans les vagues, comme savent si bien le faire tous les petits dauphins, le féroce voisin qui avait repéré le petit oursin l'écrasa contre un rocher, comme cela, brutalement, sans avertir personne.

C'est la Maman dauphin et ses petits qui le découvrirent tout plein de sang.

Personne ne sut jamais le très très grand chagrin de Joy le petit dauphin bleu.

Le soir, dans son lit de dauphin, il faisait des cauchemars, plein d'images noires circulaient dans sa tête. Il
pleurait parfois en cachette et personne ne savait ce qu'il
ressentait au fond de son cœur. Un mélange de peur, de
colère, de violence et de solitude, tout cela s'agitait et se
mélangeait en lui.

Ce bouillonnement de sentiments se traduisait par des
quintes de toux, des étouffements. Il avait l'impression
qu'il allait avaler toute l'eau de la mer.

Tout cela inquiétait ses parents qui avaient appelé le
docteur Dauphin. Ils avaient essayé de guérir le petit
dauphin qui ne pouvait plus jouer comme les autres
dauphins de son âge, à sauter dans les vagues.

Joy grandissait, bien sûr, mais à personne il n'avait pu
dire ce que le petit oursin avait représenté pour lui.

Nous ne savons pas comment se terminera l'histoire du
petit dauphin bleu...

Ce que nous savons, c'est qu'il a une grande violence
en lui, dont il a très peur...

Pour un petit garçon qui avait vu son chien tué par un
voisin.

Quand il est possible de mettre des mots... ça parle

(Dialogue possible et réel entre une grand-mère et sa petite-fille.)

HÉLÈNE : Dis mamie, je peux te poser une question? Pourquoi quand tu me dis que tu m'aimes très fort ça me fait chaud tout en moi et en même temps j'ai comme l'envie de te repousser, de te faire mal. Je ne comprends pas. C'est drôle ça! Pourtant je le sais, c'est vrai, tu m'aimes très fort.

LA GRAND-MÈRE : Et que peux-tu en dire toi de cette double sensation, de ce trouble créé en toi par cet amour trop fort?

HÉLÈNE : Eh bien je suis heureuse et en même temps j'ai peur.

G.-M. : Tu as peur...

HÉLÈNE : Oui, j'ai peur que tu me demandes des choses auxquelles je ne pourrai pas répondre. Je crois que je dois te rendre ou te donner quelque chose. Que tu vas forcément l'attendre. Que cela te donne des droits sur moi. Que je ne suis plus libre de te dire ce que j'ai envie de te dire. Que ça m'oblige à adopter une attitude, un comportement qui serait différent de celui que je pourrais avoir autrement. Ne te moque pas Mamie, c'est très sérieux ce que je te dis, parce que ça se bagarre en moi dans tout ce méli-mélo-là. Et puis, je ne me sens pas digne de recevoir ton amour car j'ai plein de défauts.

(Silence...)

Et puis il y a autre chose. Je n'arrive pas à te dire je t'aime et je m'en veux. Toi, tu sais Mamie le dire.

J'ai peur, si je te le dis, de devoir toujours te faire plaisir, pour te le montrer.

G.-M. : Tu crains un chantage à l'amour de ma part ?

HÉLÈNE : Oui. Regarde comme Maman. Elle dit : « Si tu m'aimes comme tu le dis, eh bien montre-le-moi.
Fais ceci ou cela.
Sois comme si ou comme cela.
Fais-moi plaisir.
Ne me mets pas en colère.
Ne me contrarie pas.
Travaille très bien à l'école. »
Et puis quand j'essaie de lui faire plaisir... ce n'est jamais bien ou jamais comme elle, elle veut que ce soit... ou encore j'aurais pu mieux faire.
Et puis, lorsque j'ai un geste de tendresse envers elle, elle me repousse. Et moi j'ai mal avec tout cela. Et je ne sais pas quoi faire avec tout cet amour que j'ai pour elle et qu'elle refuse de

recevoir. J'ai beau savoir que son enfance n'a pas été heureuse et qu'elle a beaucoup souffert, je ne lui en veux pas, Mamie, ça c'est vrai, mais je souffre et je me sens blessée par ses refus de l'amour et de la tendresse, de l'aide aussi que je lui donne à ma façon et qui est toujours critiquée, jamais elle ne me dit : « Je suis contente Hélène, oui je vois, tu as lavé la maison, tu as fait mon repassage », ou autre chose, non, elle ne voit que le petit coin qui est mal lavé, que le brin de poussière resté sur le meuble ou le chemisier qui n'est pas plié comme elle le plie.

(Chagrin profond d'Hélène à ce moment-là, accompagné d'une véritable douleur.)

Je l'aime Maman, tu sais, je ferais n'importe quoi pour elle et le pire, je ne peux même pas lui dire que je l'aime, elle ne me croirait pas.

(Sa mère n'est pas un bourreau, seulement elle est incapable de laisser paraître la tendresse cachée au profond d'elle-même. Elle est, elle aussi, très en souffrance et souffre de faire souffrir sa fille.)

Et Hélène de poursuivre sa mise en mots.

Regarde, tu vois quand parfois Papa a un geste de tendresse envers Maman, elle le repousse et elle dit : « Ça va pas, non, tu ne dois pas être bien ou alors, tu as quelque chose à me demander... »
Je regarde Papa et j'ai mal pour lui.
Et après elle nous dit que Papa n'est pas tendre avec elle... alors que c'est elle qui le repousse.
Et moi, Mamie, je ne voudrais pas être comme cela et j'ai peur de le devenir.

G.-M. : Tu as peur de le devenir...

HÉLÈNE : Il y a toujours des conditions.

G.-M. : Des conditions...

HÉLÈNE : Tu as lu ce que j'ai écrit sur le petit papier : « L'amour n'a pas de prix, le prix n'a pas d'amour. »

G.-M. : Oui, je crois entendre ; quelque part en toi tu crois à la gratuité de l'amour, au don d'amour et en même temps tu crains qu'il pourrait y avoir un prix à payer et que dans ce prix à payer l'amour se perde ou s'abîme.

HÉLÈNE : Oui, c'est un peu ça.
Mais tu sais Mamie, toi tu n'es pas comme ça. Je crois que ton amour à toi ne demande rien en échange, mais j'ai peur quand même, c'est bien trop beau, c'est trop merveilleux, c'est le bonheur total et tu vois, ma Mamie, je ne me sens pas digne d'un tel amour. Il est trop fort pour moi.

G.-M. : Oui, je comprends ce que tu ressens, ce que tu éprouves.
Tu sais, ma petite Hélène, tu n'as pas besoin d'être parfaite pour te permettre de recevoir et d'accueillir en toi l'amour qui t'est offert.
Tu es aimée telle que tu es et pour tout ce que tu es.
C'est ma façon à moi de t'aimer.

Hélène se blottit dans les bras de sa grand-mère et lui a dit : « Je vais y penser de cette manière-là. »
Ce que sa grand-mère aurait pu lui dire aussi, c'est que les sentiments d'amour sont multiples et qu'il y a autant

de façons d'aimer qu'il y a d'individus sur cette terre.

Qu'il n'existe aucune définition spécifique à l'amour. Que chacun porte la sienne en lui-même et que les amours sont différentes selon les personnes aimées.

Que beaucoup d'individus craignent de se laisser aller au recevoir de l'amour d'un autre pour eux.

Qu'il y a des personnes avec lesquelles il est très difficile d'évoquer et l'amour et la tendresse.

Que la plus grande douleur pour quelqu'un, ce n'est pas tant de ne pas être aimé, c'est surtout de ne pas savoir recevoir l'amour qui lui est offert. Et que la plus grande douleur pour un autre sera de sentir que son amour n'est pas accepté.

F. B.

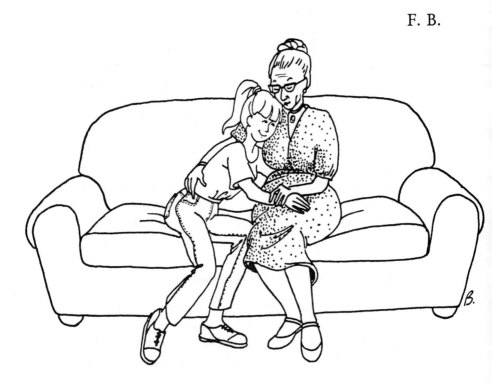

BIBLIOGRAPHIE SOMMAIRE

F. DOLTO
Tout est langage, Éd. Carrière-Vertige
La cause des enfants, Livre de poche
La cause des adolescents, Éd. Laffont

D. LEWIS
Le langage secret de notre enfant, Éd. Belfond

Les cahiers du nouveau-né, n° 2
« Naître et ensuite »

J. SALOMÉ et S. GALLAND
Les mémoires de l'oubli, Éd. Jouvence

S. GALLAND et J. SALOMÉ
Si je m'écoutais... je m'entendrais, Éd. de l'Homme (à paraître 1990)

J. SALOMÉ
Relation d'aide et formation à l'entretien, Presses Universitaires de Lille
« Soins relationnels en néonatologie », *Infirmière Magazine* n° 4 - 1988

« Soins relationnels aux prématurés », *Revue Naissance* - 1989

J.-Cl. RISSE
Le pédiatre et les petits poucets, Éd. Stock

M. C. D'WELLES
Folle... Moi ? Éd. Récit-Stock

TABLE

DU MÊME AUTEUR

Aux Éditions Albin Michel
Je m'appelle toi
1990
T'es toi quand tu parles
Jalons pour une grammaire relationnelle
1991
Bonjour Tendresse
Une pensée-tendresse par jour
1992
Contes à guérir. Contes à grandir
1993
Heureux qui communique
1993
L'enfant Bouddha
1993
Le Tarot relationnel
1995
Paroles d'amour
1995
Charte de la vie relationnelle à l'école
1995
Communiquer pour vivre
1995
C'est comme ça, ou les 36 000 façons de (ne pas) communiquer avec son enfant
1996
En amour... l'avenir vient de loin
1996
Tous les matins de l'amour... ont un soir
1997

Chez d'autres éditeurs

Parle-moi... j'ai des choses à te dire
Éd. de l'Homme, 1982
Relation d'aide et formation à l'entretien
Presses universitaires de Lille, 1987
Apprivoiser la tendresse
Éd. Jouvence, 1988

*La composition de ce livre
a été effectuée par Bussière à Saint-Amand,
l'impression et le brochage ont été effectués
sur presse Cameron
par Bussière Camedan Imprimeries
à Saint-Amand-Montrond (Cher)
pour les éditions Albin Michel*

*Achevé d'imprimer en octobre 1997.
N° d'édition : 17023. N° d'impression : 1/2673.
Dépôt légal : octobre 1997.*